近世琉球の風水と集落景観

陳 碧 霞
Chen Bixia

榕樹書林

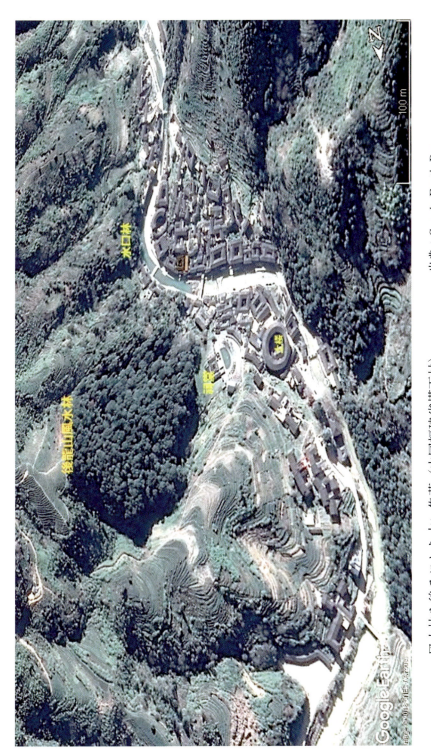

風水林を後ろにした古い集落（中国福建省塔下村）

出典：Google Earth Pro

渡名喜村の空中写真　　　　　　　　　　　　　　　　　　　　（2011.9.6）

備瀬の空中写真　　　　　　　　　　　　　　　　　　　　　　（2011.9.6）

粟国島の空中写真　　　　　出典：Google Earth Pro.（2015年4月撮影）

多良間島の空中写真　　　　　出典：Google Earth Pro.

展望台から見た竹富島の街並み風景

フクギ屋敷林に囲まれる古民家(西表島祖納集落)

目　　次

はしがき ……………………………………………………………………7

第1章　序　説 …………………………………………………………9
　第1節　研究の背景　*9*
　第2節　風水研究の意義　*10*
　　　　　1. 風水の概念　　2. 風水景観の重要性
　第3節　沖縄の地理的特徴　*15*
　第4節　研究の目的　*17*
　第5節　調査地の選定と調査手法　*18*
　第6節　本書の構成　*20*

第2章　近年の風水に関する国際的研究 ……………………………*23*
　第1節　研究概史　*23*
　第2節　風水の人類学的・民俗学的研究　*25*
　第3節　風水の生態学・環境学的研究　*29*
　第4節　風水の建築学的研究　*33*

第3章　沖縄の文献学的風水研究史 …………………………………*37*
　第1節　研究概史　*37*
　第2節　風水の沖縄への導入　*37*
　第3節　沖縄における風水研究　*39*
　第4節　風水と「抱護」の概念　*40*
　第5節　沖縄における風水実践　*42*
　第6節　沖縄の風水の特徴　*44*

第4章　風水集落景観と風水樹 …………………………45
　第1節　風水集落景観　45
　　　1.自然環境のアセスメント　　2.理想的な風水モデル
　第2節　風水樹　49
　　　1.中国の風水樹　　2.香港の風水樹
　　　3.韓国の風水樹　　4.沖縄の風水樹

第5章　沖縄の風水集落景観に関する植生学的研究
　　　──多良間島を事例として──…………………………63
　第1節　序　論　63
　第2節　調査地と調査方法　64
　　　1.調査地の概況　　2.調査地の設定と調査方法
　第3節　調査データの分析結果　66
　　　1.調査結果　　2.「村抱護」の特徴
　　　3.クサティムイ（腰当森）の樹種構成
　第4節　結果及び考察　77
　　　1.島嶼地域における風水集落景観の特徴
　　　2.集落後方の風水樹と前方の「村抱護」
　　　3.大陸型モデルと島嶼型モデル

第6章　沖縄の風水集落景観──名護市真喜屋・稲嶺集落の事例──…81
　第1節　序　論　81
　第2節　調査地と調査方法　81
　第3節　結果及び考察　84
　　　1.集落前方の島と背後の山　　2.風水所
　　　3.植樹による「抱護」の造成　　4.風水集落の形成
　　　5.結　論

第7章　フクギ巨木の分布と風水集落の成立 …………………………97
　　第1節　序　論　97
　　　　　1．沖縄の伝統的風水集落景観　　2．フクギの屋敷林
　　第2節　調査方法と調査地の概要　100
　　第3節　結果及び考察　102
　　　　　1．フクギ巨木の分布　　2．フクギ巨木と集落の配置
　　第4節　結　論　112

第8章　沖縄の風水集落の景観要素
　　　　──多良間島を事例にして── ……………………………115
　　第1節　序　論　115
　　第2節　調査地と調査方法　116
　　第3節　調査結果　119
　　　　　1．景観要素と地形環境　　2．集落内の蛇行道路
　　　　　3．聖地と井戸　　　　　　4．景観計画と樹木の役割
　　　　　5．「村抱護」
　　第4節　考　察　130
　　　　　1．地域の気象環境に適応した景観
　　　　　2．集落道路の構造　　3．緑の回廊
　　　　　4．フクギ景観の形成
　　第5節　結　論　132

第9章　フクギ屋敷林の分布──渡名喜島を事例として── …………133
　　第1節　序　論　133
　　第2節　調査地と調査方法　134
　　第3節　屋敷林の配置　137
　　第4節　屋敷林の特徴　141

第5節　フクギ屋敷林の再生力　*149*

第6節　結　論　*152*

第10章　フクギ屋敷林の分布――本部町備瀬区を事例として――　……*155*

第1節　序　論　*155*

第2節　タイプ別屋敷林の配置　*160*

第3節　タイプ別屋敷林の分析　*163*

第4節　フクギ林の密度と再生力　*165*

第5節　樹齢の特徴　*168*

第6節　結　論　*169*

第11章　フクギ屋敷林の分布――粟国島を事例として――　……………*171*

第1節　序　論　*171*

第2節　調査地の概要　*171*

第3節　調査方法　*172*

第4節　結果及び考察　*175*

　　1. フクギ屋敷林の配置　　2. 密度と再生力

　　3. 屋敷林の管理

第5節　結　論　*184*

第12章　琉球列島におけるフクギ巨木の分布　*185*

第1節　序　論　*185*

第2節　調査地と調査方法　*186*

第3節　沖縄諸島におけるフクギ巨木の分布　*187*

　　1. 集落内のフクギ巨木　　2. 聖域内のフクギ巨木

　　3. 近世集落とフクギ巨木　　4. 間切番所のフクギ巨木

第4節　先島諸島におけるフクギ巨木の分布　*200*
　　　1．八重山諸島の事例　　2．宮古諸島の事例
　　第5節　奄美諸島におけるフクギ巨木の分布　*206*

終章　まとめと残された課題　……………………………………*211*
　　第1節　風水集落景観の特徴　*211*
　　第2節　集落背後の丘と「村抱護」の林帯　*212*
　　第3節　フクギが選択された理由　*213*
　　第4節　フクギ屋敷林の配置構造　*214*
　　第5節　地割制集落とフクギ屋敷林の創設　*215*
　　第6節　琉球列島に残存するフクギ巨木の分布　*216*
　　第7節　残された課題*216*

参考文献一覧　*219*
あとがき　*229*
索引　*233*

はしがき

　本書は、2012年、ニューヨークのNova Science Publishers, Inc.から出版した『Traditional Rural Landscapes in Island Topography in East Asia』(陳・仲間共著)を底本に、その後、新たに書き下ろした論文などを追加した翻訳改訂版である。

　本書が追及しようとした課題は２つある。１つは、琉球王朝時代に確立された風水集落景観を、東アジアの風水圏の中でどう位置づけるかという問いである。周知のごとく、琉球風水は中国の風水地理の影響を強く受けているが、その応用形態はかなり違った展開を示している。たとえば、風水樹の利用の仕方１つを取ってみても、その種類や配置の状況が、琉球と中国本土・韓国などとは、大きく異なっているのである。

　２つ目は、琉球風水の特徴について、現在、残されている風水集落のフィールド調査を通して明らかにすることである。琉球風水を解く重要なキーワードは「抱護」の考え方である。この「抱護」は中国由来の言葉であるが、琉球で使われている意味は、琉球の自然環境(冬の北風・夏の台風)に特化して、異なる応用形態を示している。荒廃した原野での植林、山気の保全(山地の環境保全)、海岸域(潮垣)から集落全体(村を囲繞)、屋敷囲みなどに、「抱護」の技法が応用される。それらの配置や応用形態が琉球独特の景観を生み出しているのである。

　本書では、琉球風水を特徴づける「抱護」の存在形態について、多良間島、粟国島、渡名喜島、沖縄本島の備瀬集落、名護市の真喜屋・稲嶺集落などを事例に、徹底したフィールド調査に基づいて明らかにしている。加えて、琉球風水の主要構成樹種であるフクギの集落内における配置とその構成、さらにフクギの琉球列島内における分布などについて、毎木

調査（樹高・胸高直径・樹齢推定）を実施し、それらのデータから、琉球風水の特徴について明らかにしている。

　風水は14世紀末に福建省からの閩人(びんじん)の渡来とともに琉球に導入されたのが嚆矢と言われている。当初は墓地や国都に関わる風水実践が主流だったとみられるが、この風水地理の考えが土地利用や集落形成と深く結びついて展開したのは、蔡温の三司官時代、すなわち18世紀の30年代以降のことである。この時期に琉球王国内では、土地制度の改革、集落の新設・移動、林野の方切（杣山と里山の利用区分）などの、いわゆる土地利用全体に関わる大改革が実施されている。これらの事業と並行して、山地や海岸域から農地・集落にかけて、風水地理にもとづく防災機能に特化した景観整備が行われている。リュウキュウマツが林立する集落間の街道筋、海岸域や集落を囲繞する林帯による「抱護」、フクギの屋敷林などの多くが、この時期に創設されている。

　しかしながら、これらの歴史景観も去る戦争で破壊され、またその後の都市化に伴う伐採などによって、大きく様変わりしてしまった。今では、その一部が各地に残されているが、その残存景観からかつての琉球風水の歴史景観を読み取ることができる。

　本書は、琉球列島に残されているフクギ屋敷林や地形・林帯による「村抱護」の現況をミクロ分析することで、琉球風水の特徴を描き出そうとしたものであるが、それらが大筋で成功しているかどうかは、読者諸氏のご批判にゆだねる以外にない。本書をもって、琉球風水の植生学的研究が完結したとは思っていない。本書の終章で述べているように、フィールド調査から様々な課題も見つかってきた。今後、これらの課題に取り組み、琉球風水研究の深化に寄与できれば、と考えている。

2018年12月吉日

第1章　序　説

第1節　研究の背景

　人間による生産活動は、環境や景観に大きな影響を与えてきた。人々が定住し、人口が増加するに従い、土地に対する負荷は増大し、環境に対する圧力も大きくなった。農村社会においては、作物を栽培するための灌漑によって塩水化や収穫量の減少が起こる一方、森林減少による土壌の浸食や貴重な耕作適地の破壊などが発生している。(Ponting, 1991)

　2011年3月11日、マグニチュード9の東日本大震災が発生し、沿岸部の街はほぼ全てが津波によって破壊された。2018年（平成30）3月時点での死者・行方不明者は合計18,434人となり、明治以降の関東大震災、明治三陸地震に次ぐ、歴史上の大惨事になった。震災による福島の原子力発電所からの放射性物質拡散の事実は、日本のみならず世界中に大きな脅威を与えている。

　テクノロジー先進国である日本では、ほとんどの海岸線に高く堅牢な防波堤が築かれ、海岸線の防災機能は安定したかに見られてきたが、東日本大震災では、その機能はもろくも崩れ去り、新たな自然災害との共存の道が模索され始めている。

　都市化や工業化が進むにつれ、人々は悪化した生活環境に住むことを余儀なくされ、健康被害や心理的ストレス、さらには自然災害の脅威にさらされるようになった。そういった中で、自然と人間の関係、その共存のあり方が問われるようになってきている。

第2節　風水研究の意義

　森林は持続的で健康な生活環境づくりなどの公衆衛生の向上に大きく貢献すると同時に、様々なポテンシャルを持っている。たとえば、破壊されたエコシステムの改善、人々の健康づくりに貢献する食物や薬品などの提供、空気汚染の除去、騒音からの防護、微気候の改善、水源と肥沃な土壌の保全、土壌浸食の予防、気候変動の緩和など、様々な環境サービスを提供する。さらに森林は、人間のストレスを軽減するほか、健全な精神や潜在能力、メンタルヘルスをサポートし、癒しを与えてくれる。国際連合総会は、2011年を国際森林年と定め、全ての森林における持続的管理・保全・発展に関する認識を高めることを宣言した。

　1992年、ブラジルで開催された地球サミットでは、環境と開発に関するリオ宣言が行われた。リオ宣言の第22原則では、次のように述べられている。「先住民とその社会及びその他の地域社会は、その知識及び伝統に鑑み、環境管理と開発において重要な役割を有する。各国は、彼らの同一性、文化及び利益を認め、十分に支持し、持続可能な開発の達成への効果的参加を可能とさせるべきである」。1992年の地球サミットでは、持続的開発を進める上での規律と、環境に関して蓄積されてきた伝統的な情報や知恵が再評価されるようになった。

　そのような中で、伝統的な環境情報の1つとして、中国風水が注目されるようになってきた。その理由は、中国の風水地理ほど自然環境と人間との関係に密接した思想は、世界の中でもほとんど見られないからである。(Yoon, 2003; 2006)

　風水とは、景観を総合的に体系化した独特の思想である。安寧の居住地を確保するために、最適な土地を選び出し、そこに調和の取れた生活空間を形成することで、幸運を呼び込もうとする。(Yoon, 1976; 2003)

　他方、風水とは、景観マネジメントのアートであるともいえる。地形

に関する経験的な観測を基に、自然地形の中を流れる気を読む。風水集落の景観は、生態学的にみてもその重要性は高く、環境と人間が調和しながら共存している姿を具現化している。

風水思想では、気を貯めるために、龍山(集落の後ろに見られる高い山々)の緑化や、集落に隣接した場所での常緑樹林の育成、庭園樹として果樹の植栽が奨励される。特に沖縄では、風水集落を形成するうえで、植樹の重要性が強調されてきた。多様な種類の木々を植えることで、生物多様性の豊かな微小環境の改善にも役立ってきた。風水思想は原理原則に基づきながら、非常に柔軟なコードを持って(Michell, 1973)、山岳地帯や平原、さらには小さな島嶼など、様々な地形に適用されてきた。

1．風水の概念

風水とは何か。これについて100年以上前から、研究者の間で関心が寄せられてきた。その研究内容は、それぞれの立場の違いによって異なっている。初期の研究段階で、風水批判の立場を代表する研究者としてEitel and de Grootがあげられる。1950年代から1960年代にかけて現れたJoseph Needham, Andrew March, C.G. Jung and Lynn Whiteらは、風水を肯定する立場の代表的な研究者である。

風水の定義については、研究者によって様々であるが、以下にその代表的な事例を示す。

① Ernest J. Eitel(1993/1873)
風水とは、宗教と科学が混同されたもので、単なる迷信であり、ナンセンスと子供じみたばからしさの寄せ集めである。
② J.J.M. de Groot(1962/1892)
風水とは、"科学のばかげた風刺"であり、"ばかげたことの寄せ集め"である。

③　Hong-key, Yoon(1976)

　風水とは、物理的環境を概念化した、独特な総合的システムである。これは、最適な環境の中で建造物（例：墓、住居、街）の調和を図り、ヒューマンエコロジーを統制しようとするものである。

④　Joseph Needham(1956)

　全ての土地は、特殊な地形的特徴を有しており、それによって気が地域に与える影響が変わってくる。

⑤　John Michell(1973)

　風水とは、原理に基づいているものの非常に柔軟なコードを有しており、それはあらゆる建築デザインや都市計画、地方の活用方法について影響を与えうる。

⑥　Stephen Skinner(1982)

　適切な場所と時間に身を置くことで、最大の利益と平和、繁栄を得て、土地と調和しながら暮らす技術のことを、風水という。

⑦　Xu, Ping(1990)

　風水とは景観分析の最も初期の形式のひとつであり、町や住居だけでなく、王家の住居や墓、神聖な寺院などの景観を決定づけ、中国の景観を何代にもわたって形作ってきた。

⑧　Yu, Kongjian(1994)

　中国における土地を形作るモデルとして、風水は自然と社会に関するヒエラルキーを形成した。それは、景観の管理と保全、持続可能な環境とコミュニティの育成における責任のあり方のヒエラルキーにもつながっている。

⑨　Chris Coggins(2002)

　風水とは、物理的景観の中に存在する力を定義づけ、調整するという、中国で古代から続く理論を、口語的に言い表したものである。この理論は、墓、建物、集落を、景観における自然的、また非自然

的世界の中に配置し、人間界と天上界あるいは宇宙との調和を目指すものである。

　研究者によっては風水を完全に否定する者もいるが、大勢は風水が自然や人と密接に関わっていることを指摘している。風水は中国における伝統的な地理学として体系化された知識となり、自然に対する考え方を練り上げて、自然と調和した景観計画に一定の貢献を果たしてきた。

2．風水景観の重要性

　沖縄県は九州と台湾の間に位置している。那覇市を中心とした半径1,500km以内に、台北、上海、香港、ソウル、マニラ、東京といったアジアの主要都市が位置している。(図1-1) このような主要都市への近接性により、沖縄は中国、東南アジア、オセアニアへの玄関口とされている。また、沖縄はエキゾチックな文化と熱帯・亜熱帯の豊かな自然に恵まれ、東アジアにおける最も人気のある観光地のひとつとなった。しかしながら、観光需要に対応するために開発が進み、多くの道路や施設が建設されて便利にはなったものの、逆に伝統的な歴史景観は失われつつある。伝統的景観を探求し、その持続的なマネジメントや保全、地域独自の文化への関心を高めることは、観光産業で生きていく沖縄にとって、避けて通れない重要な課題である。

　風水の考えは、14世紀末に中国から琉球王国に伝わり、1730年代に高名な政治家である蔡温によって国家政策として用いられるようになった。風水は、都市計画や集落設立の手引きとして利用されたほか(町田、都築、1993)、森林管理にも利用された。(仲間、2002) また沖縄の歴史集落景観には、風水師の指導でデザインされたものが多くみられる。

　これまでの風水に関する調査は、文献レビューに基づく風水の歴史的発展に焦点を当てたものや、考古学(De Groot, 1963)や建築・景観、

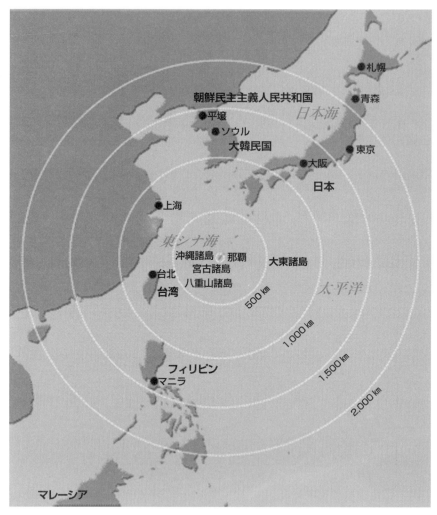

図1-1. 沖縄県の位置

注：沖縄県の県庁所在地である那覇市を中心に描いた半径2000kmの円内に、東アジアの国や地域、フィリピンがおさまる。
出典：沖縄県HP　http://www.pref.okinawa.jp/site/kodomo/sugata/ichi/ichi.html

環境、エコロジーといった観点からものが多い。(Yoon, 1976) 国都風水への適応については、多くの議論がなされているが、風水によって形成された集落の景観構造や、風水により育成された森林の構成などについては、ほとんど触れられていない。

　沖縄での風水研究の歴史は浅く、大陸から離れていることもあって、東アジアのほかの地域に比べると、風水思想はあまり知られていない。しかしながら、亜熱帯モンスーン気候の島嶼地形で、風水がどのように適用されたかについて調べることは、風水の持続可能性や快適な生活環境の形成について理解するうえで、非常に重要である。

　残念なことに、歴史的に形成された風水集落景観は、第二次世界大戦以降、様々な要因でその姿を変えてしまった。琉球王朝時代から造成されてきた、村の防風林、屋敷林、海岸防潮林などの幾重にも重なる林帯による「抱護」は、戦時中に焼き払われて、戦後になるとコンクリート造住宅の建設等に伴い伐採され、そのほとんどが消滅した。復帰以降、沖縄県では大規模な社会資本整備が実施され、近代的な景観が形成されてきた。それに伴い琉球独特の集落の歴史景観は、大きく様変わりしつつある。

　琉球特有の集落の歴史景観とは何か。そのためには、現在残されている数少ない風水地理に基づいて形成された歴史集落景観の成立やその実態の解明が、早急に求められているのである。

第3節　沖縄の地理的特徴

　沖縄県は、日本本土の南西、北緯24〜28°、東経123〜132°に位置し、大小160余の島々のうち、有人島は48島である。(沖縄県HPより) 島々は、東西1,000km、南北400kmの範囲に点在し、主に沖縄諸島、宮古諸島、八重山諸島の3つに大別される。沖縄本島が最も大きく($1,202\,km^2$)、西表

島(289km²)、石垣島(222km²)、宮古島(159km²)と続く。

　沖縄県の総人口は約144万人で、うち女性が73万人、男性が71万人、総世帯数は59万世帯である。(2018年8月現在)

　沖縄県の気候は、緯度と周辺を取り囲む海、モンスーン、黒潮、台風に影響を受け(Glacken, 1960:19)、日本で唯一、亜熱帯気候に属している。(図1-2)

　沖縄県は年間を通じて温暖な気候や独特な歴史や文化を有するために、国内有数のリゾート観光地として発展してきた。県が公表している『平成28年版観光要覧』によれば、2016年度には過去最高の約877万人の観光客が沖縄を訪れ、そのうち664万人(76%)が国内、213万人(24%)が国外からだった。これらの観光客数は、年々増加傾向にある。

　沖縄の台風シーズンは長く、4月から12月ごろまで続く。台風の数は年

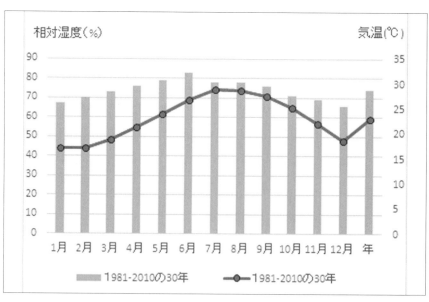

図1-2. 沖縄県における月ごとの平均気温及び平均湿度
出典：気象庁ＨＰより。

によってバラつきはあるが、過去10年間に、多い年で12個、平均7.3個の台風が沖縄県に接近している。(表1-1)

第４節　研究の目的

本研究では、東アジアにおける風水の適応状況と比較しながら、沖縄で風水に基づいて形成された集落の独特な景観の成り立ちを解明する。現地調査によって、琉球諸島における現存する風水集落の景観構成と、植栽

表1-1.　沖縄に接近した年・月別台風の数

	1月	2月	3月	4月	5月	6月	7月	8月	9月	10月	11月	12月	合計
2018						2	4	4	2	1			12
2017							3	1	1	2			7
2016							1	1	4	1			7
2015					1		2	2	1				6
2014						6	3	2	2	2			10
2013						1	1	2	1	4			9
2012						3	2	5	2	1			12
2011					2	1	1	1	2				7
2010								3	3	1			6
2009								1		2			3
2008					2		2		2				6
2007							1	3	2	2			8
2006							3	2	1				6
2005						1	1	2	3	1			8
2004				1		2	1	4	3	3		1	15
2003			1		1	2		2	2		1		9
2002						1	5	1	1				8
2001					1		1	1	2	1			6

注：沖縄に接近する台風とは、沖縄県の気象学的中心の300km圏内に入る台風のことである。台風は月をまたいで発生することがあるため、月の合計と年間の総数が合わないことがある。

出典：気象庁ＨＰ「沖縄・奄美への接近数」より

されている樹種の配置などについて明らかにする。

　さらに、風水は中国を起源に他の東アジアの地域に広がったことから、それらの地域との比較研究を行うことで、沖縄における風水地理の独特な適用のされ方を考察していく。中国と香港での理想的な風水景観を構成している集落に関しては、文献レビューにより概括する。さらに風水地理で利用される樹種についても、文献や中国東南地域及び香港におけるフィールド調査に基づいて論じていく。

　沖縄の伝統的な集落景観について、地理や気候といった自然環境からの観点や、地域の神聖な場所(御嶽)に関する文化的な観点も含めて考察する。

　沖縄における伝統的集落景観は沖縄諸島の広範な地域に存在している。とくに「近世地割制村落」の形成については、1737年以後説が有力視されるが、これらの集落で屋敷林として植えられているフクギの樹齢を推定することで、その成立過程が推測できると考えている。

　本研究の最終目標は、現在及び将来にわたって、島嶼社会において伝統的な集落の歴史景観の持続的マネジメントの手法や、また、自然の緑地空間や森林環境の持続的な活用方法を歴史事実から探ることにある。

第5節　調査地の選定と調査手法

　データの収集は以下の2つの方法で行った。まず、フィールド調査を行い、集落とフクギの配置に関するデータを収集した。また伝統的景観に関する古い地図データを得るために、古文書や各集落の字誌などを参考にした。

　多良間島、粟国島、渡名喜島、本島北部の備瀬集落のような歴史景観を保存している場所を選定し、さらにこれらの集落の中から数件の典型的な屋敷を選び出し、それらの屋敷林の樹高・直径などを計測し、さらに屋

敷林の配置状況などについて調べた。（図1-3）

　フクギ屋敷林は、渡名喜島、粟国島、備瀬集落において最もよい状態で残されている。屋敷林が実際にどのような構成となっているのかを把握するために、樹高1m以上の全ての木にナンバリングし、高さとDBH（胸高直径）の計測と記録を行った。さらに、屋敷林の更新状況を分析するために、萌芽や苗木もカウントした。萌芽や新芽については、根茎と切り株それぞれから発生するものを別々にカウントした。1m以下の若木は、実生の苗木としてカウントした。

　屋敷林を構成する全ての木の配置についても記録し、HO-CADソフトを用いて実際のレイアウトを再現した。DBHのデータに基づき、木のサイズを円の大きさによって表した。

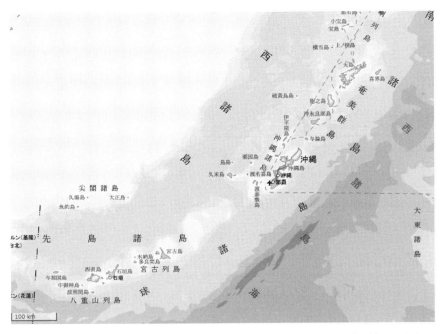

図1-3. 調査地の位置　　　　　　　　出典：国土地理院HPにより

屋敷林の管理に関する現状の課題を把握するために、地域住民を対象にインタビューを行った。風水樹としての伝統的な利用法に関しては、歴史書を用いて調査した。

　伝統的な風水集落の配置が最もよい状態で保存されているのは多良間島で、沖縄で唯一、ベルト状に植林された集落の「抱護」が残っている。現在の住宅地図や古い空中写真により、地形的な分析を行った。

　伝統的集落の設立と発展に関わる古いフクギの配置を明らかにするために、渡名喜島、粟国島、沖縄本島北部の備瀬および今泊集落に現存する樹齢100年以上の木を調査した。集落の歴史と深く関係する最古の建築物や聖地に植林されたフクギ林に特に着目した。

　沖縄における風水地理に基づく伝統的集落景観が、どのように分布しているのかを明らかにするために、沖縄県内におけるほとんどの離島の集落と、鹿児島県の奄美諸島を調査した。集落のフクギ林の配置と、家屋の方位には法則性が見られた。フクギ林の配置をマッピングするために、ArcGISを用いた。

第6節　本書の構成

　本書は以下で示す通り12章と終章から成り、それらは5つのパートに分けられる。最初のパートは第1章から4章までで、第1章では背景、趣旨、目的、研究方法、調査地の概要について述べている。第2・3章では、風水の重要な概念や、沖縄における風水の適用例、中国本土や韓国、香港といった東アジアの他地域における風水景観や風水樹に焦点を当てて文献レビューを行い、考古学、民俗学、環境学、生態学、建築学、景観計画といった異なる学問分野の観点から考察した。第4章では、中国本土における理想的な風水集落の景観、さらに、中国本土および香港、韓国における風水樹について述べている。主に文献レビューを行っているが、

福建省山間部や江西省、香港の集落といった広範な地域にわたって行った実態調査も含まれている。沖縄の事例については、主に県内で行われた調査データをまとめている。

2つ目のパートである第5章から8章は、琉球諸島の風水集落における景観と風水樹の実際の構成に関する調査事例で、沖縄の伝統的集落の一般的な配置について明らかにすることを目指した。集落の配置は、風水の「風を取り込む」という理念に沿ったものであることから、屋敷林とくねった道路という2つのファクターに焦点を当てた。第5章は、2つの歴史的な評価の観点から述べている。1つは琉球諸島の集落景観の構成に関する観点、2つは風水集落の配置、特に植生の構成を明らかにするために行った多良間島のケーススタディに基づく観点である。第6章と7章では、古いフクギと集落の神聖な場所を地図化し、伝統的集落の設立と発展について述べている。第8章では、多良間島のケーススタディに関する詳細な分析に基づき、伝統的景観の要素について述べている。

3つ目のパートは第9章から11章までで、家屋を囲むために植林された林帯に関する実際の配置について述べている。第9章には、渡名喜島におけるフクギの屋敷林の調査結果が含まれている。フクギの特徴(配置、構成、密度)についても、このパートで述べている。空き家とよく手入れされた住居の比較に基づき、林帯の管理についても言及している。第10章ではもうひとつのケーススタディとして、沖縄本島北部の備瀬集落におけるフクギ屋敷林について取り上げ、歴史的変化と人口増加と関連するフクギの特徴について述べている。第11章では、海岸から離れた場所に位置する集落のケーススタディとして、粟国島を調査した事例が述べられている。

4つ目のパートは第12章で、奄美諸島から沖縄・宮古・八重山諸島のフクギ巨木の分布について、集落・聖域・王朝時代の番所などに分けて、述べている。

5つ目のパートは終章である。ここでは第1～12章までの主要な論点をまとめ、調査で新たに出てきた課題について論述している。

第2章　近年の風水に関する国際的研究

第1節　研究概史

　風水に関する調査の多くは、古文書に基づいた歴史的な批評であるため、地域住民による風水の実践が、必ずしも風水の理念に則っていないという批判を受けることがある。特に近年、公害や環境破壊が目立つようになってきた中国本土では、その傾向が顕著である。風水の実践は世界中で大変な人気を博しているにもかかわらず、風水の学術的な調査はほとんど行われていない。近年出版された関連書籍は、風水の理念について述べたものが多い。建築学といった分野に風水の理念を適用した調査もあるが、まだ体系的に整っているとはいえない。風水に関する近年の調査のほとんどは、人類学、民俗学、地理、建築学といった観点から行われたものである。科学的な風水に関連する調査はまだ不十分である。とりわけ、小さな島における集落景観への風水の適応についての調査は、ほとんど行われていない。

　風水とは、古代中国から伝わる習わしで、環境との調和を図るための空間の活用法のことである。風水は何千年にもわたって実践され、東アジアにおける都市計画や集落を設立する場所の選択、墓の建設などさまざまな局面において適用されてきた。風水は、自然と人間との調和の取れた共存を目指すという中国哲学に根差している。風水を実践することで自然環境を維持改善することにつながり、中国では2千年にわたって持続的な農業社会が維持されてきた。

　風水は、中国の古代文明が始まったころから実践されてきた。中国だけでなく、香港や台湾、韓国、日本、ベトナムといった周辺国にも大きな影響を与えてきた。しかし、西洋からの宣教師が中国に来るまで、学

術的な研究は行われなかった。一見迷信的で魔法の力を持つような風水に関して、数えきれないほどの調査が行われ、さまざまな対立する議論が行われた。風水に対する研究者の態度が、研究者の学術的背景と決して切り離せないものであるということは、特筆に値する。200年前に宣教師が中国を訪れ、景観設計をしようとしたとき、風水が広く浸透していることが障害となり、彼らを苛立たせたといわれる。現代の中国人研究者にとっても、その状況は変わらない。1960年代になってようやく、文化や社会の発展における風水の役割が認められるようになってきた。風水の研究傾向は、自然環境の危機に対する人々の意識の高まりにも影響を受けてきた。自然環境に深く関与する風水の思想に惹きつけられる研究者は多いものの、風水の研究業績としては、中国の伝統的文化や建築と関連する議論が多い。先行研究を以下のように研究分野ごとに整理する。

　1960年代に入り、世界中で発生している自然破壊や環境問題への関心が高まるとともに、風水の生態学的機能が注目されてきた。太陽光の取り込み、強風の軽減、洪水の回避、水の利のよい土地の選択など、土地利用における風水の生態学・機能的な効果が認識されてきた。

　風水では、人間は自然と調和しながら暮らすべきであり、人間による活動も"自然とともにデザイン"すべきであるとしている。この思想は、近代のエコロジストが人間と自然との関係を構築するやり方と非常に似通っている。このような思想は、近代の環境保護主義者や景観建築家により称賛され、彼らはそれを実現しようと努力してきた。中でもMcHarg (1969)は、現在から将来にわたる"最も重要な課題"を、景観建築家に提示したとされている。(e.g., Corner, 1992)

第2節　風水の人類学的・民俗学的研究

　中国全土において、風水は古くから皇帝や庶民によって、神聖な場で、あるいは通俗的な場で、幅広く利用されてきた。風水の学術的な研究は、1800年代にキリスト教の宣教師が中国に来るまで行われなかった。1960年代以前は、風水は迷信的、疑似科学、自然哲学といった言葉で研究者によって表現されていた。

　100年以上にわたって、風水とは何かという探求が行われてきた。それらの研究は、研究者の考え方によって2つの時代に分けることができる。Eitel と de Grootは、風水研究の初期段階における批判的意見を代表する研究者である。1950年代後期から1960年代にかけて登場したJoseph Needham、March、C.G. Jung、およびLynn Whiteは、風水に対する肯定的な意見を代表する研究者である。

　西洋の言語によって書かれた中国の風水に関する最初の学術論文は、ドイツ人聖職者で、香港で長年学校の検査官を務めたE. J. Eitelによるものである。後書きには、風水は単なる迷信であり、子供じみた精神性の名残であるといったことが記されている。これは宗教上の上官や出版社に対して、論文が受け入れられ易くするために付け加えられたものと考えられる。(Eitel [1873] 1993: 後書き by John Michell) 注目すべき点は、彼が風水を祖先崇拝に欠かせないものとしてとらえていたことである。(同書、65) 西洋人としての自負から、中国に外国の文明を導入する際に、風水が克服できないバリアーとなることは決してないと、彼は結論付けた。(同書、68)

　19世紀の中国研究者であるDe Groot（1892～1962）は、彼の不朽の作である"The Religious System of China"で、風水を「科学のばかげた風刺」「不条理の寄せ集め」「疑似科学システム」と表現した。そのため、風水とは一見して不可解で、むしろ自然科学、宗教、美学、心理学、哲

学、社会学として分類の仕様がないようなくだらない寄せ集めといった印象を、今日の私たちに与えてしまった。

このような風水に対する敵意は、風水こそが、中国でキリスト教を布教したり、貿易を行ったりする際の障壁であると信じられていたことから派生している。一方"自然科学の福音"は、布教や貿易の両方を後押しするものだった。(Dukes, 1914) キリスト教徒としての活動の一環として建設や景観設計を行うことは、中国の発展にとって不可欠だと西洋人はみなしていたが、その最も大きな障壁となったのが風水であった。

清王朝後期には、風水を批判することにより、新たな鉱業施設や交通網を整備する際の思想的な障壁を取り除こうとする思惑があった。(郭, 1994) 20世紀には中国にデカルトの2分法や社会進化論がもたらされ、風水は神秘的な伝統的文化として非難されることとなった。迷信というレッテルが貼られ、風水の伝統は文化の残り滓のようにみなされ、その後、約1世紀にわたって研究者から顧みられないものとなった。

西洋人の風水に対する嫌悪感は、それが彼らの活動の障壁となったからだけでなく、それを完全に否定できなかったこと、つまり彼らも同じ経験を共有しているが、それを認めることは彼ら自身の活動を否定してしまうことにつながったからである。(March, 1968)

Joseph Needham、Andrew March、C.G. Jung、Lynn White ほか、大勢の研究者による著作とともに、中国の宇宙論も次第に注目を集めるようになってきた。(Bruun, 2003: 236) Needhamは、中国における科学技術の進歩に果たした風水の役割を指摘した。Needham (1956) は、中国における多くの農村、住居、集落の際立った美しさを説明するものとして風水を論じた。Marchは、物質世界の精神的特質を考慮しつつ、自然世界を現すように景観や土地を計画するものとして風水をとらえた。(March, 1968:253; 256)

風水とは、自然界のエネルギーの流れに沿う適切な関係性の中に、自

らを空間的、一時的に置くことを意味する。(Feuchtwang, 1974) 風水を実践する者は、景観を見ることで気の動きを理解しようとし、その動きが山・樹木・河川の配置や人工物によって、どのように影響を受けてきたかを理解しようとする。(Leonard, 1994)

　1970年代における最も傑出した研究業績は、中国の社会や経済問題に関連するものである。墓に関する風水研究を通して、March (1968) は風水が祖先崇拝と密接に関係しており、中国南東部に発生した一族の発展にも関係があることを明らかにした。1970年代から台湾で行われた研究では、中国南部における鉱業や鉄道建設といった経済発展に関わる活動が、風水によって巧妙に妨げられたことを示した。中国本土では、道教、仏教といった土着の宗教と風水との相互作用に焦点を当てた研究が行われた。これらの宗教は、自然と人間が調和した共存を目指すという哲学的な信条を持つという点で、風水と共通している。

　伝統的に実践されてきた風水は、より豊かな生活や快適な生活環境を追い求める人間を満足させるために編み出された。また、風水は人間の歴史における社会的、経済的プロセスを発展させ変化させてきた。風水の影響力は、近代化以前の時代には大変大きいものだったが、近代化の進行に伴い次第に小さくなっていった。(Yoon, 1980) しかしながら、風水は約2千年にわたって受け継がれてきたものであり、人間生活のあらゆる側面と絡み合っている。中国南部における鉱業や鉄道建設といった経済成長のための活動が、風水によって巧妙に妨げられたということが、西洋からの植民地開拓者と中国人の間の論争に顕現されている。

　近年の風水研究の初期段階から、風水と伝統的文化の間に密接な関係があることが指摘されている。中国南東部に発生した一族の発展と風水との関連性が、研究により明らかにされたことは、特筆に値する。古代の南東中国においては、ある一族が領地を広げるために風水を利用した。台湾の漢王朝に関する研究により、風水は、集落のコミュニティの絆を

強める力となった。(陳による引用, 2002)

　風水の埋葬儀礼に関する研究により、古代中国人の祖先崇拝のあり方について知ることができる。風水では、埋葬の儀礼の際には2つの心情を重ね合わせることが適切だとしている。1つは現世と"あの世"に対する心情、もう1つは亡くなった者の体に対して直接的に感じる心情である。人は親の体を安らげる所に埋葬しようとする。これは、ある状況のもとでは大変効果的である。悲しみを受け入れ、大金をはたいて埋葬のための1等地を手に入れようとする家族の決断は、彼ら自身が野心と自信に満ちていることを確認したり、それを近隣住民に示したりすることを意味している。このような決断（振る舞い）は、彼らの活力を引き出し、一族の共有財産を大切にしていくという誓いを宣言することにつながる。そして、彼らが共有する未来に対する分割できない投資により、彼らの絆は強められる。(March, 1968)

　風水と祖先崇拝に関する代表的な論争の中でも、Maurice FreedmanとEmily M.Ahernによるものは傑出している。Ahernの研究は、風水のメカニックな側面とオートマチックな側面を持つ代表格である。Freedman (1966: 126)は、死者とはゲームにおけるコマのような受け身の存在であると結論づけた。すなわち、彼らの子孫が風水師の指導を受けながら執り行う儀礼における要素の1つとして、死者をとらえている。一方Ahernは、台湾でのフィールドワークに基づき、中国人は祖先について、抽象的なものや風水的な力としてではなく、幸運や不運を左右する存在としてとらえていると、異議を唱えた。(1973)

　中国人の研究者も風水は神話のようなものであると考え、風水に対して敵意を表す場合もある。海外での風水研究が盛んになるにつれ、中国人研究者も風水について慎重に再評価するようになった。そのほとんどは民俗学的な研究 (Gao, 1994; He and Luo, 1995; Wang and Zhang, 1993)、あるいは建築学的な研究であった。(Wang, 1994)

日本の研究者も風水研究に貢献しており、特に、風水の民俗学的重要性を異文化の視点から述べるようになった。日本の人類学者渡邊（1994）は、風水とは中国の人々の民俗的知恵として存在していることから、その民俗的背景をきちんと把握する必要があると主張した。沖縄と中国南部での比較調査研究の後、渡邊は、沖縄の風水は中国から伝来してきたが、独自の発展を遂げたと述べた。このような議論は、アジア各地の風水について、その共通性だけでなく、それぞれの特異性について調査することも意義があるということを示唆している。
　この章で取り上げた研究は、風水を適用した住宅や墓の建設に関する民俗学的研究に、大きく貢献してきた。

第3節　風水の生態学・環境学的研究

　風水には迷信的な概念が多く含まれていることから、非科学的なものとして見られてきたが、近年の研究者は、風水のエコロジカルで環境に関連した概念について研究するようになってきた。Joseph Needhamは西洋科学を普遍的なものであると考え、伝統的な中国の思想をその型に押し込めようとしたことで批判の対象となった。多くの中国の知識人にとって風水思想は、単なる疑似科学に過ぎなかった。（March, 1968よりの転載）
　文化的エコジストであるAnderson（1996）は、風水とエコロジーを結び付けて考えた。風水とは観念的で社会的なシステムであり、エコロジカルな知識を体系化しただけでなく、強欲で近視眼的、あるいは身勝手で保守的な人々をコントロールするために作られたと論じた。風水によって、中国人は彼らを取り巻く環境と調和の取れた恒常的な関係性を保つことができると考えた。（Anderson and Anderson, 1973）Lovelace（1985）も類似の解釈をしたが、風水は環境を改変する際の仲介の役割を

果たすという考え方も示した。そして香港を例に、水田稲作集落の立地、定住、改変のための戦略を、風水が提供するということを論じた。

引用されることの多い研究者のひとりである韓国出身のHong-key Yoonは、中国と韓国における風水研究に多大な影響を与えた (Bruun, 2003)。西洋では東洋の研究者として、中国では西洋の研究者としてみなされるYoonは、アジアの知識人として、西洋と東洋をつなぐ重要な役割を果たしている。

Hong-key Yoonは、"Geomantic Relations between Culture and Nature in Korea"(1976) と題した博士論文で風水を取り上げ、国際的研究の端緒を開いた。彼は1976年と2006年に、中国と韓国における風水の理念と実践について、人間との関連性の中で調査した。その中で、環境に関連するストレスにさらされている現代において、自然に対する人間の考え方がよい方向に変化してきているのではないかと指摘している。

Yoonは風水を、物理的環境を概念化する独特で包括的なシステムであるとした。そのシステムは、縁起の良い土地（環境）を選択し、その中で構造物（墓、住居、集落）を調和させて建設する際の考え方に影響を与え、人々が住む環境（human ecology）を規定してきた。陰陽思想における気とは、全ての環境に関する現象の基本であり、それは風、雲、雨、気を通して変化し、再び風に戻っていくとされている。(Yoon, 1985)

Yoonはまた、東洋の風水と西洋の環境決定論における概念や文化が意味するものの違いを明らかにすることを通して、風水の伝統を環境ストレスと結びつけた。風水でも環境決定論でも、人間の生活において環境が果たす根本的な役割を重要視していることに変わりはない。いずれも人間と自然との関連性の中に存在しているが、風水は複雑で影響力の大きいシステムである。

環境決定論では、環境とは人間の外側の異界で、人間が望む姿からかけ離れた形で存在している。一方風水では、人間と自然は1つの精神的

な共同体として表される。人間と自然との目に見えない関係に気付いた人間は、自然な景観において足りないものを補い、縁起のいい土地を選ぶために行動を起こす。(Yoon, 1982)

　西洋における環境の考え方は人間と自然の2分法に基づいている。それと比較すると、東アジアにおける環境の考え方は、自然と人間が密接に関わり合っており、風水はそれを代表していると、Yoonは指摘する。(Yoon, 2003)　風水は、東アジアの景観における環境の考え方を実践したり自覚したりする際の強力な手段だった。Yoonによる研究は、風水に関するデータ調査というより、風水をどのように考え説明するか、ということに焦点を当てていた。(Yoon, 2006)　他にも、風水の環境に対する機能について指摘している中国人研究者（Guan, 2002; Liu, 1995）がいる。

　集落立地を選択する際の風水の理念は、中国の伝統的哲学の追求と環境への配慮について示したものである。Jia（1998）は、風水のエコロジカルな理念について、「理想的な集落は、くぼんだ場所に配置されるべきである」と明言している。そうすることによって、集落は人目につかなくなり守られると同時に、集落とその先に広がる景観を見渡すことが可能となる。集落の背後と左右の側面は、丘で囲まれていることが望ましい。前面には流れる川を眺めることができ、その先には山々が連なる。集落の南側の川あるいは小川は、リボンのようにカーブしている。全ての要素は、良い気が集落内を流れ、住民に繁栄をもたらすように配置されなくてはならない。

　環境の包容力は"気"次第である。集落南側を流れる川は、集落全体を潤す。風水理論で提示された集落の理想的な配置は、環境への配慮がなされていることが明白に示されている。第1に、山、土地、水、土、方角、気候を含む全ての自然的要素は、集落計画に組み込まれている。第2に、集落の背後に山、両側に丘、前面に川といったように自然的要素

が配置されていることで、明瞭な境界線が形成される。第3に、境界線内部で住民の消費をまかない、廃棄物を吸収する包容力は、"気"によって象徴される。川の土手内の集落は、水圧の慣性力で変化する。すなわち、時間の経過とともに川の沈殿物により土地が広がっていく。

　風水は、完璧な自然景観を獲得することを目的としている。風水では、多様な地形に対応するために、自然との融合だけでなく、風水環境の欠点の修正の方法についても論じてきた。その方法の中でも代表的なものとして、集落の周辺に水を引き込んだり、「青龍」と「砂山」に木を植えたり、「水口」に塔を建てたりといったことがあげられる。理想的な風水の構成を観察する際に最も重要なファクターとなるのは水である。なぜなら水は村人に幸運と繁栄をもたらしてくれると考えられているからである。

　住宅を建てる場所を選択する際に「蔵風得水」（直訳では「風をよけ、水を得る」）というのは一般的なルールだが、水の確保が第1に検討すべきことであり、風についてはその次に重要となる（「葬経」郭璞、276－324年）。人工の溝や池は、集落の活力を増強するために造られ、これらは住民の生活を改善するものと考えられていた。（何、1990）

　平原や山脈がない土地では、地形の不完全さを補うために、集落の背後と両側に「青龍」と「砂山」を模した植林が行われた。風水においては、豊かな森林を重要視しているほか、陰陽思想におけるバランスについても強調している。例えば、限られたスペースでは、過剰な植林はすべきでないとされている。影（極端な陰）が増すからだ。一方、くぼんだ場所や植林がまばらな場所（極端な陽）では、居住空間（Yang Dwellings Collection）を形成するために、密集した植林が推奨されている。樹木は強風を和らげ、気を集めることができる。集落の活気を増強させ、微小生態環境の形成に寄与した。好ましくない気を避けたり、平穏な生活を願ったりするために、塔が建設された。これらの方法は、環境保全的で、民俗的な美しさを持っている。（Jia、1998）

第4節　風水の建築学的研究

　最近の20年間で、風水の建築学的研究が、特に台湾において進展した。中国では1990年代までそのような研究は現れなかったが、台湾における「風水研究ブーム」の影響を受け、研究が行われるようになってきた。1980年代末から90年代にかけての台湾、アメリカ、中国における、風水文化を体現した中国伝統建築に関連して、多くの論文が公表されてきた。

　何（1990）と王（1992）による研究は、風水と中国の伝統的建築に関する研究で、最も優れた業績を代表するものである。何は「陽宅」建築の研究に関して、多大な貢献をした。彼女は中国南東部における調査や多数の家系図の読み込みを通して、住居を建築する際の風水理論について、歴史的な記述を行った。古代から現代に至るまで、中国人は一般的に、居住地の選択や計画、建築に関して、無意識のうちに風水理念に導かれている、と彼女は論じている。

　王（1992）によりまとめられた風水研究著書は、場所の選択、計画、建設の際の理論や方法、地形学的研究、景観及び生態学的研究といった風水文化を基本とした建築理論に関する最も包括的なものとなっている。これによって古代建築の文化を理論的に説明している。古代建築の核心となる思想とは、自然を注意深く観察し、それに従い、さらには控えめながらも自然を利用し改変することで、天国、自然、人間が調和した居住環境を整備することだと論じている。

　西洋の建築学が、中国の魅力的な古代建築に完璧には当てはめられないことは明らかである。この理論における違いから、建築家は中国固有の文化に注意を向けるようになった。なぜなら中国の建築物で風水の影響を受けていないものはないからである。近年の西洋における景観建築やエコロジカルな建築の概念を注意深く辿ってみると、人と自然の関係性の見方について、風水に似た概念が含まれていることが分かる。例え

ば景観建築においては、自然環境の保護と人間と自然との共存に焦点を当てている。またエコロジカルな建築においては、人類と環境について包括的に捉え、その上で自然を優先するということを強調している。これらのことから、一般建築研究や伝統的な中国建築研究の将来的な発展のために、風水がガイドライン的な役割を果たすだろうと主張する研究者もいる。(王, 1992 p240; 何, 1990)

　これらの研究者は、中国建築がなぜ魅力的であり続けているのかという問いに対する答えについて、考え方を深めている。しかしながら、彼らは居住地の建築物に対する風水理論の適用には焦点を当てているが、それ以外の風水理論に関しては、たとえ適用可能な理論であっても、軽視している。

　Storrs Turnerが「中国人の魂には詩があるに違いない」(cited in March, 1969)と感嘆したように、風水によって選択されアレンジされた土地に関しては、かなり辛辣な批評家でさえ、魅力的だと認めざるを得ない。

　風水の実践にあたっては、どのような土地を選択するかについて熱心に検討がなされる。これは、Rudolf Schwarzが言うところの「居住環境の階層性」、すなわち「山脈は壁、平原は床、川は道、海岸線はへり、山脈の最も低い部分はドア」という概念が実践できる場所を選択しているということである。

　黄は、迷信としての民俗的な風水と、景観計画としての環境科学的な風水は、それぞれ分けて取り上げるべきであると主張している。(黄, 1999) すなわち、民俗的な風水は、人々の不安感や欲求不満をやわらげたいという社会的な要求に合致することから存在しており、また、環境科学的風水とは、建築や農業といった要素を含む環境エコロジカルシステムであると表現している。(1999)

　これまでの10年ほどの間で、環境やエコロジーに関連して風水研究は論じられてきたが、その理念に関する系統的な研究はまだ行われてい

ない。
　Yu (1994) は、風水に関する理想的な住み場所を探す思想は、かつての中国の盆地で定住した経験と関連性がある、と論じている。すなわち、風水とは持続可能な景観を実現するための新たな方法のことである、という。

第3章　沖縄の文献学的風水研究史

第1節　研究概史

　この章では、文献レビューに基づき、沖縄における風水の実践や近年の風水研究について述べる。風水に関する科学的研究は、1990年代ごろに中国、韓国などでほぼ同時に始まったばかりである。風水が初めて沖縄に伝わったのは、600年ほど前だといわれている。沖縄における風水実践の特徴は、次の3つの観点からまとめられる。

　第1に、気を保持するために閉じられた形状を重視するという点は、オリジナルである中国風水と共通しているが、沖縄の風水には「抱護」の応用という独自の概念が見られる点である。

　第2に、沖縄の風水は、山林の育成、農地や居住環境の保全のために、その思想や技術が実践的・機能的に応用されいる点である。

　第3に、風水は、沖縄では国策の1つに位置づけられていた。風水の実践者としての風水師は上流階級に属し、王国の国家政策にも関わる人物でもあった。琉球王朝時代には、風水師の助言に基づき多くの集落が再配置されていた。他の東アジアの地域では、風水の理念と実践は広く普及したが、風水師は下層階級に属する身分であった。

第2節　風水の沖縄への導入

　風水が沖縄に伝わったのは、14世紀末だといわれている。（都築 1990）これは、韓国や日本本土など他の東アジア地域よりもずいぶん遅い時期である。琉球王国は14世紀半ばから、日本、韓国、中国、東南アジアをつなぐ貿易の中継地点として、重要な役割を果たしてきた。中国福建省

から琉球への初期の移民は、那覇の久米村に居を構え、技術の導入や通訳の面で先導的な役割を果たした。風水地理が王府の国策として人材育成の形で展開するのは、17世紀後半以降、それが主に村落移動などに応用されていくのは、蔡温の三司官時代に入ってからである。その先導役を担ったのが蔡温であった。

石垣島は沖縄本島の南に位置し、県内で3番目に大きな島である。新城（1993）は、17世紀中葉の石垣島北部の川平村における中国人の楊明州という人と風水見分の伝承が、最も古い話ではないかと論じている。『楊姓家譜』によると、楊明州は中国の浙江省台州人で、1602年に生まれている。1629年、楊は船で寧波に向かっていたが、台風により遭難し、28日間の漂流の末、川平村にたどり着いた。楊はそこで現地の女性と結婚し所帯をもつ。彼は19年間川平村に住み、その後1648年、王命を受けて沖縄本島の久米村に移住する。彼は久米村で訓詁師（読書師匠）に取り立てられ、教育係として子弟の教育に貢献する。その背景には明州が中国語に通じ、風水などの知識を持ち合わせていたことが考えられている。明州の子弟には、蔡温の父・蔡鐸や後の1667年、存留通事として中国に渡り風水地理を学んだ「周国俊」などがいたという。

琉球への風水の体系化された知識は、1667年から導入され始めたと、琉球王府の公文書には記録されている。『球陽』（尚質王20年）や『琉球国由来記』（巻4、風水地理）などには、周国俊が中国に渡り風水地理を学んで帰国したこと、これが琉球における風水看（フンシミー）の始まりか、と述べている。それ以降、幾人かの唐栄士族の人々やその子息が中国へ派遣され、風水を学んでいる。後に首里城風水（1713）や村落風水（18世紀の30年代以降）に主導的役割を果たす蔡温も、1708年に王府公認の存留通事として福州に渡り地理（風水）を学んでいる。

琉球王府に認定された風水師による集落の検分に関して、2つの重要な記録が現存している。これらの詳細は、6章で取り上げる。1857年か

ら1888年の約30年間にわたる風水集落の検分に関する風水師の具体的な記録が、沖縄本島の旧羽地村 (現名護市) に残されている。これらの記録には、フクギの林帯を造成して屋敷囲み (屋敷抱護) や村囲み (村抱護) を強固にするよう繰り返し指摘されている。

八重山諸島では、風水師の鄭良佐によって、1863年から1864年の間に風水検分が行われ、その経緯が『北木山風水記』(1864) に記録されている。花山孫位の手書きによるその複写本が、1965年に発見された。(町田・都築, 1993) これらの資料から風水師が新たな集落の改善や景観の構築について直接指導していたことが読み取れる。

第3節　沖縄における風水研究

沖縄における風水研究は比較的新しい。1980年代以降に風水が研究され始め、そのほとんどは人類学、建築学、民俗学から派生したものである。

『沖縄の風水』(窪編, 1990) は、地理学者、民俗学者、人類学者により執筆された最も包括的な研究集のひとつである。この本には、沖縄の風水思想の概説、風水受容の歴史、風水と自然、墓地風水、国都風水、風水見分史料などが網羅されている。

仲松による沖縄の文化や集落に関する先駆的な研究 (1977) では、風水集落は地割制 (農地を周期的に再配分すること) のもと、1737年以降に現れたと論じられている。仲松と島尻 (1990) らは、『球陽』の記事に依拠して、風水的に悪い土地にあると判断された集落が、別の土地に移動された事例について論じている。

田里 (1983) は伝統的集落の配置と風水について論じ、風水における風と水という2つの要素が、集落の場所を選ぶ際に重要視されてきた、と述べている。集落や住居を建設する際には、強烈な台風から守ることが最も重視されてきた。1609年以前に発生した伝統的集落は、一般的に

小さな丘の南側斜面に配置されていたという。(田里, 1983: P3)

　仲間 (2002) は、沖縄における森林史研究をもとに、風水による生物多様性の保持と環境保全の重要性を初めて指摘した。風水によって森林を管理することは、琉球王朝独特のものであるとみなされている。(仲間, 1984, 2002, 2003; 寺内、亀山, 1999)

第4節　風水と「抱護」の概念

　「抱護」とは、沖縄の風水を解く鍵となる概念であると、幾人かの研究者が指摘している。(町田・都築, 1993; 寺内・亀山, 1999; 仲間, 2002) 鄭良佐による『北木山風水記』は、1864年から書かれ始めた風水検分の記録である。1865年以降の2、3年の間に、鄭は遠方に位置する波照間島と与那国島を除く全ての八重山諸島を訪れ、47集落の風水について記録した。この中で鄭は、周辺の環境と集落の「抱護」が適切に配置されていることが重要だと、以下のように論じている。

> 夫れ地理の法は、山背き水走りて抱護の情なければ、則ち陰宅・郷城倶に建つべからず。山交わり水会まりて抱護の情あれば、則ち陰宅・郷城倶に建つべし。按ずるに、本島の満勢嶽は背去して抱護の情なく、皆野底山は廻して抱護の情あり。然るに強弱を以てこれを推すに、彼れ（満勢嶽）強くして此れ（皆野底山）弱く、其の勢い斉からず。宜しく図に照らして皆野底山及び各村の後山に多く樹木を栽え、以て其の勢いを佐くべし。乃ち吉。(町田・都築, 1993)

　上記は『北木山風水記』の冒頭に書かれた文章である。類似の文章は、各集落の環境評価の部分で繰り返される。特に「抱護」という言葉は何度

も使われている (町田・都築, 1993) が、その定義についてはこの日記には記載されていない。多くの研究者は、「抱護」を含む多くの用語は『山林真秘』から使われ始めていると考えているが、抽象的な表現が多く、正確な意味を把握するのは困難である。『山林真秘』は漢文で書かれているが、現代日本語によるいくつかの翻訳がある。また『林政八書』も戦後の琉球における重要な緑化指針として、戦後の臨時政権を担っていたUSCAR (琉球列島米国民政府) によって1952年に英語に翻訳されている。又、最近では仲間勇栄氏による新しい現代語釈と解説の本が出て高い評価を受けている。しかし、風水関連の専門用語や森林管理の技術的な問題から、分かりやすい翻訳という面では限界がある。近年の翻訳 (Purves et al., 2009) では、オリジナルの中国語の文章に、現代の日本語と英語を併記し、さまざまな分野の読者にも使いやすいように配慮されたものもある。

以下は「抱護」に関する抜粋である。

> 抱護の山々は、四囲が堅牢であることがいちばん重要である。辰戌丑未 (東西南北) の各方位の山がかけて風が入ってくると、樹木は立派に生長できない。これを四維の病という。しかし欠陥した所に樹木を植えると、その病は直るかもしれない。
>
> 抱護の門は山林の気脈のある場所であるため、必ずそこは樹木で閉じ、山の気が漏れないようにしなければならない。これは大事なことである。もし、むやみにそこの木を切ってその門を開いてしまうと、山林は次第に病気にかかり、樹木も少なくなっていく。深く考えなくてはいけない。(John et al., 2009)

『山林真秘』によれば、「抱護」とは、生気 (生きたエネルギー) を貯めるために周囲を囲い込むということだといえる。「抱護」には、配置のこと

以外にも多くの意味がある。『山林真秘』では「抱護」は周辺の山脈のことを指しており、適切な保護を得るには周辺の山脈との距離と高さが適切でなくてはいけないとしている。気は、「抱護」が望ましい状態かどうかを判断する際に用いられる。

「抱護」とは、伝統的な中国の風水の鍵となる用語である「気」と深く関連している。『山林真秘』によれば、「抱護」が完結している状態かどうかを判断する際に、第1に重視されるのが気である。また、「抱護」の完結とはどのようなものであるかを説明するために、山中の森林帯の事例についても述べられている。さらに、「抱護」とは集落の保護のために植林された森林帯であるとも表現されている。

窪（1990）は先駆的な風水研究を行い、沖縄本島北部の真喜屋、稲嶺集落における『風水御見分日記』の原文を編集している。小野（2006）らがその日本語の現代語訳を行い、解説も添えている。検分の際のポイントとしては、集落の道路、集落全体を取り囲むもの、各住居、墓地などが含まれている。

「抱護」とは、緊密に囲むことであり、近接して植林された林帯のことでもある。沖縄における「抱護」は、最新の研究成果によれば、風水地理を応用した気を密閉する環境状態を意味し、地形・植生・植林によって有機的に形成された造林地及び村落の防災機能をもつ、沖縄の自然環境に特化した実利・実用の歴史概念である、と定義付けられている。(仲間、2017)

第5節　沖縄における風水実践

沖縄における風水の特色は植林の仕方にある。『林政八書』と『山林真秘』は、風水理念と山林の管理方法を融合させた代表的なものである。『林政八書』は、琉球王朝時代の山の管理技術・法令などを明治期に取り

まとめたもので、その根底には蔡温の山林思想が流れている。

『林政八書』の中の"樹木播植方法"には、荒廃した原野に植林するときの技術的手法が、以下のように述べられている。(図3-1)

　　ススキの原野では、ススキの高さの約5倍の広さに開き、そこを整地して、樹木を植え付ける。この5倍という数値は、現在の防風理論の最大防風効果距離と一致する。開地した場所の景観が魚の鱗状に見えることから、これを「魚鱗形」と称している。この育林法は、中国由来の風水思想の気の理論を応用したもので、他の地域では見られない琉球独自の技術である。(仲間, 2010)

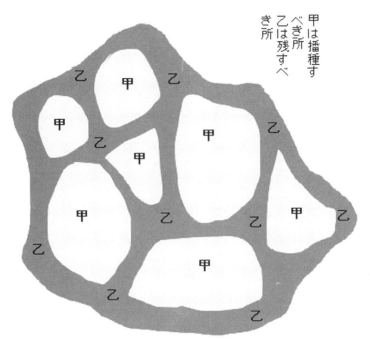

図3-1．魚鱗形植林法

注：画像は崎浜秀明の『蔡温全集』から転載した。
凡例：「甲」は植林すべき場所、「乙」は植林すべきでない場所を示している。

第6節　沖縄の風水の特徴

　沖縄の風水の特徴は、概略、以下の3つの観点から整理できる。

　第1に、沖縄の風水は、その長所において中国、韓国、香港といった他の地域の風水理念と似通っている。風水に関連する科学的な研究は、中国や韓国などと同様に1990年代に始まった。沖縄の風水は中国が起源であり、14世紀初頭から中国人移民やその子孫によって広められた。「抱護」の考え方は、最優先すべき事項とされてきた。「抱護」とは、囲い込むように配置された形状のことであり、そこに気を留まらせることで陰陽のバランスと調和を取るためのものである。強風にさらされる場所では、植林によって「抱護」の欠陥を修復する手法をとっている。この「抱護」の応用形態は、沖縄の厳しい自然環境（冬の北風と台風）に由来している。

　第2に、沖縄の風水は実践的かつ機能的であり、それは国家的な森林政策や土地改良と深く関わっていることに現れている。「抱護」の閉ざされた形状は、山地での植林や村の人々の生活にとって重要である。琉球王国における風水の適用は、植林や農業生産を通した国家的な経済成長戦略において、重要な役割を果たしたといえるだろう。顕著なことは、数多くの植林により、集落の景観が劇的に変化したことである。

　第3に、沖縄における風水は、他の東アジア地域における風水と比較すると、国家戦略としてより重要視されていたことである。風水師は集落の人々にとって技術的アドバイザーであり政治家でもあった。三司官であった蔡温もその1人である。18世紀前半以降、集落の再配置には風水師が関わっていた。集落が立て続けにすさまじい災害に見舞われると、地域の有力者は、集落の再配置に関する風水検分を王府に要請している。

第4章　風水集落景観と風水樹

第1節　風水集落景観

　墓地を選ぶ際の宅地法について書かれた『葬経』は、風水のことを取り上げた最初の本だといわれている。晋王朝時代（A.D. 265-420）の郭璞によって書かれたこの書物の中で、「蔵風得水」という言葉が風水関連の項目で大きく取り上げられている。

　「蔵風得水」とは「水を得ることを最上とし、風を蓄えることはこれに次ぐ。」と説明される。蔵風は北西風を避けるためのシェルターとなる場所である。得水は利用可能な水のこと。風と水は、中国風水における重要な要素であった。

1．自然環境のアセスメント

　風水には、その思想と実践法について羅針盤派と形勢派という2つの流派がある。羅針盤派は、易経（中国語発音：Yi Jing）を源流とした宇宙論の形而上学的な思索に基づいている。形勢派は、対象となる地域の物理的形態や、そこを取り囲む環境について分析を行う。その際、5つの地理的要因を基本とする。以下に詳述する龍脈（觅龙）, 砂（察砂）, 水脈（C. Guan Shui 观水）, 穴（C. Dian Xue 点穴）は、理想的な地形を見出す際に欠かせない要素である。

（1）龍脈

　集落を配置するのに適した土地を探すための最初のステップは、龍脈を探すことである。(図4－1) 強い「勢」を獲得するためには、長く曲がりくねった山脈があることが望ましい。(図4－2) 一般的に、それは地域全体の質に関連する。(Xu, 1990) 植生は、龍脈の中に生気を生み出すために欠かせない。

図4-1. 太保相宅図

注：この図には風水師とその助手が羅針盤を用いて風水の診断をしている場面が描かれている。

図4-2. 安徽省の美渓村の風水図　　　　出典：Sun, 1905 recited in Wei, 1992
注：村は山に囲まれ、村の前では小川が蛇行している。

(2) 砂

対象となる土地を取り囲む丘は、風水用語で砂と呼ばれ、生気を取り込むために欠かせない。丘の左側は青龍、右側は白虎、土地の正面に面した低い丘は朱雀と呼ばれる。青龍の丘は、白虎の丘よりも高く、長くなくてはいけない。このルールは、中国南東部の地理的環境や気候に基づいて定められたものである。(何, 1990) 青龍の丘は、強い風から土地を効果的に守ってくれる。

(3) 水脈

曲がりくねった水脈は、特に縁起が良いものとされ、土地に流れ込み風を巻き起こす。水脈は、豊かさという意味を含んでいる。水脈とともに生気が蓄積され、幸運が土地に流れ込んでくる。水脈の流れは、穏や

かでスムーズであることが望ましい。土地からの水脈の出口には、樹木が植えられたり、東屋が建てられたりした。

（4）穴

穴は風水における最もよいスポットのことを示している。穴を見つけることは、風水を実践するうえでの最終的なゴールでもある。理想的な土地は、背後に高い山脈があり、左右は丘に囲まれ、正面から離れた位置には低い丘があるべきだとされている。明堂（広場）の配置は、穴の前にオープンスペースを置くということである。このような集落の配置を検討する際に重視されてきたことは、近代的技術における環境許容量に配慮する考え方にも通じるものがある。

2．理想的な風水モデル

図4-3のスケッチは、形勢派における理想モデルを示したものである。前述したように、風水の理想的な景観は、緑に覆われた龍脈と、土地を

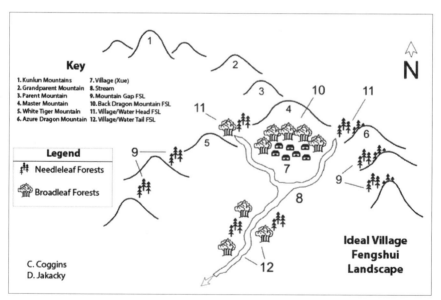

図4-3．中国の風水モデル　　　　出典：Coggins et al.（2018）.

写真4-1. 風水林を後ろにした古い集落（中国福建省塔下村）　出典：Google Earth Pro

取り囲む丘、すなわち背後の玄武、左側の青龍、右側の白虎、正面の朱雀、さらに、土地を蛇行する川の流れがなくてはならない。（写真4-1）

第2節　風水樹

　風水に関する多くの文書では、風水樹は常緑樹であると定義されているが、その樹種に関しては特に定められていない。風水理論は統一されているとはいうものの、文書の精読やフィールド調査を行った結果、実際に利用されている樹木の品種は、地域によって多様であることが分かった。（表4-1）風水樹（単木）や風水林（集団）は、景観林、屋敷林、墓地風水林、信仰の対象と神聖なる古木、老木などに分類することができる。

　中国南東部の集落では、クスノキ、ガジュマルが植えられていることが多い。これらの樹種は生長が早く、広い樹冠を形成する。集落ができたころから祖先によって、集落の入り口や水口（集落外への川の出口）、さらに景観の重要的な場所に植えられ守られてきた。生い茂った森林は、村民の幸運や繁栄を守り、それを確実なものとすると信じられていた。

表4-1. 東アジアにおける主要な風水樹

地域	場所	主要な樹種	風水的な重要性	出典
中国南東部	集落	クスノキ、ガジュマル、タケ	生い茂る緑は、よいエネルギーの流れの源となる。	著者の調査
	墓地	マツ、イトスギ	美しい風景を形成し、祖先に対しては木陰を提供する。	
中国南西部（四川省）	道路沿い、住居周辺	ブナ	堂々とした姿で、美しく、実用的な価値があり、よいエネルギーの流れを安定させたり、向上させたり、あるいは流れを変えたりする働きがある。	Leonard (1994)
	集落内と墓地	古く、大きなイトスギ、マツ、ガジュマル		Graham (1961)
中国浙江省	住居周辺	タケ、マツ、フウ イブキ、クスノキ	クスノキは長寿を意味する。生長がはやい。	渡邊欣雄 (1994)
	墓地周辺	マツ、イトスギ	常緑樹は、よりよい風水環境にするために選ばれる。	
	集落景観	ポプラ		
福建省山岳部	水口（川岸沿い、upper slopes）	スギ	水の流れの保持や制御を行う。これらの森は、村の富を守るといわれている。	Coggins (2003)
福建省・江西省	水口、風隙（水流のない谷）	フウ (*Liquidambar formosana*)	フウは生長がはやく、寿命も長いことから、幸運のシンボルとなっている。	
	集落内	イチイ (*Taxus baccata*)		
香港	集落背後	保護天然林、果樹		Joseph, K.L. et al. (2004)
	集落内	古いガジュマル		Anderson (1996)
韓国	都市	マツ	常緑樹。針葉2本が対となり再生するので、陰と陽の調和を象徴している。山の斜面においては土壌や水分の保持に役立つ。	韓国風水
	水辺（広い平原で、ふたつの水の流れがひとつになる所）	アカマツ (*Pinus densiflora* Siebold and Zucc.) ケヤキ属 (*Zelkova serrata*) エンジュ (*Styphonolobium japonicum* L. Schott) マルバヤナギ *Salix chaenomeloides* Kimura エノキ(*Celtis sinensis* var. *japonica*) ハンノキ (*Alnus japonica*) コナラ *Quercus serrata* クヌギ(*Quercus acutissima*)	裨補林帯は、欠陥のある地形を補正し、「生気」を高める。	朝鮮の林藪 (1938)
沖縄	住居周辺	フクギ *Garcinia subelliptica* Merr.	住居を取り囲み、「生気」を保持する。	仲間勇栄 (2002)
	集落周辺	リュウキュウマツ (*Pinus luchuensis*)、フクギ、テリハボク *Calophyllum inophyllum*	集落を取り囲み、「生気」を保持する。	
	沿岸	リュウキュウマツ、アダン (*Pandanus odoratissimus*)、オオハマボウ (*Hibiscus tiliaceus*)、クロヨナ(*Pongamia pinnata*)	島を取り囲み、「生気」を保持する。	

景観樹と比較すると、墓地周辺に植えられている木の樹種は比較的に少ないが、重要ではないというわけではない。先祖の墓の周辺に植えられているのは、ほとんどがマツとカシワである。
　墓地風水におけるメカニズムの側面（mechanic aspect；Maurice Freedman）と 自動的側面（automatic aspect；mily M. Ahern）の両面より、先祖は幸運や不運を司るものとみなされているため、人々は魅力のある土地に親を埋葬しようと考える。中国では美しさを備えた不屈の象徴として崇められているマツやコノテガシワ（*Platycladus orientalis*）は、先祖の眠る環境を快適なものにするとして、その墓の周辺に植えられた。
　家屋周辺、墓地、祖祠（祠堂）に植えられた風水林以外にも、集落内に植えられ、長い間守られてきた共有の風水林がある。このような森林は村人を守るものとされ、集落の背後あるいは前方、側面に位置している。風水林は、通常広大な面積を占めており、森林内に入ることや、木を傷つけたり切ったりすることが禁止されていることから、持続的で安定した自然環境を守ってきた。森林を構成する樹種は非常に多様なものである。
　中国風水では、集落における後龍山の植林や水口での植樹が注目されてきた。よい風水景観を探す際に、最優先されるのが後龍山である。豊かな緑は、よい気が流れ出る源と考えられている。水は豊かさの象徴とされていた。中国風水において、水口は欠かせない概念であるとされている。これは、集落に流れ込んだ水の出口を示しており、集落内で最も低い場所に位置している。水とともに出ていく幸運を止めるために、橋、塔、東屋などの人工的な建築物や樹木があることが望ましいとされた。特に後龍山の風水林や水口林は、村人にとっての幸運の象徴となっている。
　中国以外でも、東アジアの国や地域において、風水樹の類似した利用が報告されている。都市化の進んだ香港では、保全された風水林が魅力

的でエコロジカルな景観を形成している。(Webb, 1995) 琉球諸島の集落では、生気を集落内にとどめるためにリュウキュウマツで囲まれていた、と歴史書に記録されている。(仲間、2002) 同様に韓国風水では、主要都市周辺のはげ山をカバーするのにマツが選ばれた経緯と理由、その結果として都市や国に幸運がもたらされたことが、詳細に記されている。浙江省ではポプラの老木は信仰の対象となったとも記録されている。(渡辺、1994)

韓国では澁谷(2003)や Whang et al.(2006)によって、風水樹のふたつの機能として、風水上の欠陥を補修したり、生気を増幅させたりすることが報告されている。

中国、香港、韓国において、風水樹は象徴的な意味で使われている。これらの地域では、集落の中で継ぎ当てのように風水樹が利用されている。一方、琉球諸島における沿岸地域の「抱護」、「村抱護」、屋敷林としてのフクギは、厳しい自然環境(冬の北風など)に対応した配置となっている。(Chen & Nakama, 2011)

1．中国の風水樹

緑の豊かさは、風水の良さを判断するための重要な基準のひとつとみなされている。豊かな森林は、家族の繁栄を約束するための生気を蓄えると信じられている。森林は、その周辺一帯の良い気を育むと考えられている。新緑は春に芽吹き、命を育む。風水では、植生が豊かであれば、縁起の良い気が流れると信じられている。過剰な森林伐採は気を散乱させ、居住者の快適な生活環境を乱してしまう。つまり、木を伐採することで居住者の幸運が消えてしまう、とみなされているのである。

風水理論は、完璧な自然景観を獲得することを目指して構築された。多様な自然の地形に直面したことで、風水理論は自然環境に従うだけでなく、自然環境を改善することにもこだわった。

初期の風水研究においては、中国の地方における樹木に対する信仰の実態が報告されている。D.C. Graham (1961)は、中国西部の四川省に、多くの優れた風水樹があることを報告している。風水樹の種類としては、ボダイジュ、イトスギ、マツ、その他があるが、いずれも大きく、古い樹木である。これらの樹木を切ってしまうと、風水景観が破壊され、不幸をもたらしてしまうため、決して切ったり傷つけたりしてはならないとされている。(Graham, 1961)

　Freuchtwang (1974)は、風水樹は、風水に対する関心の中でも、最も普遍的で重要な要素である、と述べている。平地では、山脈による保護機能の代わりに、単独の樹木あるいは森林がその役割を果たす。風水樹・風水林は風水マニュアルにはあまり示されていないが、実践面における最も一般的な風水のシンボル的存在である。風水樹は都市において唯一、自然の営みを感じさせるものであるという。(Freuchwang, 1974)

　生き生きとした気を増幅させ、都市あるいは集落における景観の欠点を修復するために行われる植樹についての解説は、何 (1990)や王 (1992)といった中国人研究者によって、1990年代から行われるようになった。

　生活環境に対する懸念が世界的に広まっている中、Coggins (2003)は、福建省北部の山岳地帯において、集落周辺の風水林が良好に保全されていることを報告している。その中で、梅花山自然保護区には、4つの代表的な風水林があると記されている。すなわち、水頭林、水尾林、風口あるいは山坳林、さらに集落周辺の小山や山頂あるいは斜面の風水林のことである。Coggins (2003, p. 202)は、梅花山における風水林の機能と構成について、次のように説明している。

　　水口林は、集落内の主要な川が外へと流れ出るところにある土
　　手やその上の斜面に沿って見られる。「水口」という言葉は、水
　　をコントロールする機能を表している。これらの風水林は、集

写真4-2. 江西省石城村の前面に植林された樹林帯
注：この樹林帯が、村の東側の丘の低さを改善しているといわれている。

写真4-3. 江西省黄村の水口林
注：水口に2本の高くて古い木が立っている。

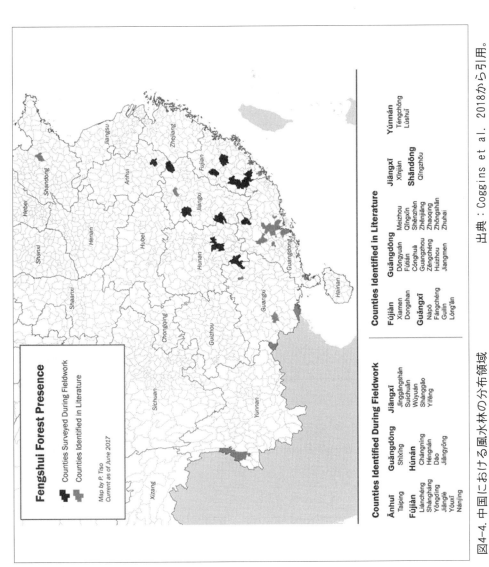

図4-4. 中国における風水林の分布領域　　　出典：Coggins et al. 2018から引用。

注：黒い部分は2011-2017年調査した場所。灰色部分は中国語文献から判明した場所。

落の富を蓄え、水とともに富が流れ出てしまうのを防ぐ働きをするといわれている。水口林は、樹齢の高い広葉樹あるいはスギで構成されている。風口森林は、集落を取り囲む山々の間の谷間に見られ、そこから風（煞気）が集落に入ってくるのをブロックする。これらの森林は巨大な支那スギ（Cryptomeria fortunei）柳杉で構成されている。

　先祖をまつるために、墓地の周辺に植樹するという伝統は、春秋時代に始まった。中国では一般的に、墓地周辺にマツやコノテガシワが植樹されている。これらふたつの樹種は、常緑で優雅な樹形を持つという特徴から、気高さや威厳の象徴とみなされている。樹木がよく茂っているかどうかが、墓地における気を評価する際の判断材料とされている。

　福建省の山岳地域や江西省といった寒い地域の集落では、水口周辺にフウ（中国語：楓香）が植えられていることが多い。フウは生長が早く、寿命も長いといわれており、幸運のシンボルでもある。そして何より、冬には葉を落とすため、暖かな日光を遮ることがない。

　チュウゴクイチイなどの貴重な樹種は、風水樹として利用されることがある。村人は、その寿命の長さや硬い材木、大きな樹冠、美しい樹形を高く評価している。

　福建省の集落では、ガジュマルの古木あるいはクスノキなどが、集落の入り口で見られることが多い。これらの大木によって作り出された涼しい木陰には、村人が集ってコミュニケーションを図ったり、子供たちが遊んだりするなど、重要な場所となっている。福建省山岳部の寒冷地域の集落では、風水樹としてガジュマルではなくクスノキがよく植えられている。ガジュマルは寒い冬にはか細くなり、それが不運を引き寄せると考えられているからである。

　江西省婺源県の石城村には、風口林のよい事例がある。集落の前に、

カーブするようにフウ林帯(写真4-2)が植林されてきた。これらのフウは約500年前に植林されたといわれている。石城村は標高の高い場所に位置しているが、東側の丘は低すぎて、冷たい冬の風から村を守れなかった。そこで、フウを植えて自然のシェルターにして、冷たい風を遮るようにした。フウは冬には落葉し、春には芽吹くため、村では冬の日光を楽しむこともできる。フウは成木になると樹高が非常に高い。2005年の春の調査では、DBHが約30cmで高さが約10m以上のフウが25本見つかった。村人は集落前面のフウを、決して切らずに保護していた。

しかし、中国の風水林に関する研究は、ほとんどが後龍山風水林等一部のものにすぎなく、また、植生構成の研究に焦点が当てられ、その文化要素はほとんど無視されている。(Chen et al. 2018)中国の風水研究に関して従来の地理学やその他の社会科学では、ほとんどが古文献に基づいており、結論と現実はしばしば矛盾していた。近年に、風水林の分布領域を明らかにするため、広域のフィールド調査も見られるようになった。(図4-4)

２．香港の風水樹

香港では、集落の後ろに位置する自然林を、村人の幸福を守る風水林として保全してきた。この風水林は木陰や薪、果実、腐葉土、材木等、さまざまなものを提供してくれる。香港では、ガジュマルの古い巨木が、最も尊ばれていた。古い巨木は、長い年月を経て、多くの気を蓄積していると考えられている。ガジュマルのような木は、生長は早いが、特に利用する部分もないことから、切られることもなく大きくなったという。(Anderson, 1996)

香港では、住居が南向きにそろっていることは少なく、集落はあらゆる場所につくられるが、台風が通常南東からくるため、集落は南東に丘がある場所に配置される傾向にある。(Anderson, 1996)集落は山や丘

図4-5. 香港の丘陵地帯の村における風水林の典型的なレイアウト
出典：Joseph et al., 2004 in Venturing Fung Shui Woods.

写真4-5. 集落の後方を囲む半月形の風水林　　注：香港新界蓮澳。2011年9月撮影。

の斜面のそばに配置される。風水林は主に低い土地に見られる。(図4-5) 集落の背後にある風水林は、集落立地の選定の際に考慮されたとみられる。自然林と集落の境目には果樹、ガジュマル、クスノキ、タケ、バナナなどの経済作物も植えられている。(写真4-5)

『*Venturing Feng Shui Woods*』の記録によれば、風水林に関する116の調査地の大きさは、600㎡から6haに及んでいる。そのうち約80%は、海抜100m以下に位置していた。

2006年10月に、梅子林と社山風水林帯を訪れた際、その周辺の全ての集落は、その背後に自然林があることが分かった。社山の集落は、香港の中でも最も古い客家の集落であり、陳兄弟によって1700年に設立されたといわれている。住民はかつて集落背後の自然林から老木は残し幼木から薪を採取していた。自然林内に見られる樹齢400年にもなるクスノキの古木は、崇拝の対象にもなっている。

3．韓国の風水樹

理想的な風水の環境を得るための4つの要素として、風を避けること、水を得ること、方位の正しいこと、周辺を丘が取り巻いていることが挙げられるが、これらを全て満たす場所を探すのは困難なことである。したがって理想的な風水景観は、天然の完璧な地形を探すよりも、造ったり補修したりして得ることとなる。韓国語の「裨補」とは、欠陥のある風水景観を修復するという補助的な方法のことを表している。

澁谷(2003)は、風水林の主要な機能として次の2つを挙げた。1つは、水口や龍山といった重要な場所における風水景観を修復するための植林、もう1つは、生気を高めるために植栽された森林である。

「水口」とは、水が集まり、流れ出る場所のことで、地相学的に理想的な場所とされる。広々としてオープンな地形の場合、「水口裨補」と呼ばれる人工的な林帯や土手で土地を囲み守る必要がある(Whang and Lee,

2006)。朝鮮王朝においては、集落を設立する場所を選ぶ際に、最も重要な要素となったのが「水口」だった。「水口」は水が直接流れ出る場所であり、オープンであってはならず、連なる山々に取り囲まれているべきである。(Kim, 1982, as cited in Whang and Lee, 2006)

「水口」は2つの流れが合流する地点であり、度々氾濫したり、土壌侵食を起こしたりする。人工的に設置された「水口裨補」には、水を浄化する機能とともに、洪水を防ぐ役割もある(Lee, 2002, as cited in Whang and Lee, 2006)。伝統的な韓国の集落は、象徴的な意味づけや様々な実践的機能とともに、全体的構成として形作られてきた。(Whang and Lee, 2006)

1938年以前に行われた朝鮮半島における水辺の森林保全地の公的な調査によると、128の調査地のうち、9箇所の木立は風水のために植林されたものだと記録されている。これらのうち3箇所はアカマツ、他の1箇所はクリの単純林だった。その他の5箇所は複数の樹種から成る森林で、主にアカマツ、ケヤキ、エンジュ、マルバヤナギ、エノキ、ハンノキ、コナラ、トチノキなどで構成されていた。

風水の観点から見た建築の研究(Kim, 1994, etc., cited by 澁谷)で、韓国全土における風水樹の基本的情報が紹介されている。

『朝鮮の風水』(村山智順による翻訳,1971)では、大韓帝国の首都は、のちにマツの山と改名された龍山から資源を得ていたと記録されている。周辺を取り囲む山脈は、不吉な風から集落を守るための完璧な形体であると診断されたが、背後の竜山だけは、風水における山脈の状態として最悪と考えられているハゲ山の状態だった。そこで、その山の南斜面全面にマツが植えられることとなった。山の斜面の土壌と水を守るために利用される主要な樹種として、マツとハンノキがあるが、マツが選択された。その理由は、常緑であり、ペアを成す葉が陰陽の調和という意味を含んでいると考えられたからである。

4. 沖縄の風水樹

「抱護」は沖縄における伝統的な風水集落景観を計画するうえで、重要な概念である。「抱護」とは、文字通り「抱きしめ、守る」ことを意味する。住居、集落、複数の隣接する集落を取り囲む「抱護」、あるいは海岸沿いの「抱護」を、それぞれ「屋敷抱護」、「村抱護」、「間切抱護」、「浜抱護」と呼んでいる(仲間、2002)(抱護については、第3章にも記述している)。

「村抱護」と呼ばれる林帯の「抱護」が、集落の前面から東西を取り囲むように植林される。集落背後の自然林とともに、「村抱護」は集落全体を取り囲んでいる。「村抱護」には、主にリュウキュウマツやフクギが用いられたが、地域によって違いが見られる。

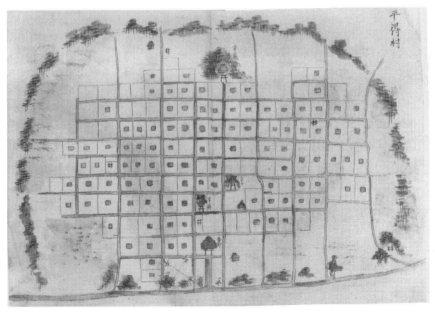

図4-6. 石垣島南部平得村の古地図　　　　出典:石垣市史編纂室提供。

注:2、3軒の隣接する住居がひとつのまとまりを形成して、道で囲まれている。
　　緑の林帯（村抱護）が、集落を囲んでいる。

海岸域の「浜抱護」には、主にリュウキュウマツ、アダン、オオハマボウ、クロヨナが用いられた。リュウキュウマツは常緑樹であることから「抱護」として望ましいとされた。通常、屋敷を守るために単層、あるいはそれ以上の層のフクギ林帯が形成されている。

　沖縄の風水集落でよく利用されていた樹種はフクギである。Garcinia属の種類は世界で約250種あり、熱帯地方、特に熱帯アジアに広く分布している。(初島, 1975) 沖縄にあるフクギの自然分布域は、フィリピン、台湾、与那国島、西表島、石垣島などとされている。

　沖縄全域にフクギがいつごろ持ち込まれ、どのようにして利用されるようになったかについては、まだよく分かっていない。フクギに関する最初の記録は、1721年の徐葆光による『中山伝信録』に見ることができる。その中でフクギの特徴として、実がオレンジのような形状で食用になることが記載されている。

第5章　沖縄の風水集落景観に関する植生学的研究—多良間島を事例として—

第1節　序　論

　風水は琉球に14世紀末に福建省からの閩人の移民とともに導入されたといわれている。琉球では閩人の住む久米村からはじまって、琉球における生活の各面に広がっていった。(都築1990)　風水は、1730年代以降、当時、三司官であった蔡温によって、琉球王国内での住宅、集落、墓地、国都などの造成から、山林の管理までの広い範囲にわたって応用されていった。(町田、都築　1993)

　集落景観を改善するために、琉球王国時代には風水地理が応用されている。例えば、1857年、風水師が沖縄本島北部の2つの村(現在の名護市、真喜屋・稲嶺)の風水鑑定を行っている。1864年には、波照間島と与那国島を除く八重山諸島における集落の風水鑑定が実施されている。真喜屋と稲嶺の事例では、風水師がフクギの植栽や道路にはみだしている枝の切り取り、風水所にかかる畑地内への植林などのアドバイスをしている。(玉城、1990)

　「抱護」は沖縄の風水を考えるとき、非常に重要な概念である。「抱護」には家屋を取り囲む「屋敷抱護」、集落を取り囲む「村抱護」、複数の集落を取り囲む「間切抱護」、海浜域の「浜抱護」などがある。(仲間、2002)「村抱護」には主にリュウキュウマツやフクギが植えられている。「屋敷抱護」にもフクギが使われ、1〜2列並びで植えられている。

　本章では、島嶼地域における風水景観の特徴について、多良間島を事例に論述する。多良間島を取り上げた大きな理由は、1742年に蔡温が当時の宮古島の頭職を勤めていた白川氏恵通に命じて、多良間島で「村抱護」(方言名：ポーグ)を造成させている歴史的事実があるからである。

（仲間、2003）

　「村抱護」および「屋敷抱護」は第二次世界大戦の前までは、琉球列島において一般的に見られる光景であった。しかし、コンクリート造家屋が普及すると同時に、屋敷林などが伐採され、それらの景観は消滅していった。琉球列島の中でも多良間島には、風水集落の「村抱護」が県内では唯一、最もよく保存されている。

第2節　調査地と調査方法

1．調査地の概況

　多良間島は北緯24度39分、西経124度42分、宮古島の西約67km、石垣島の北約35kmに位置する。宮古島と石垣島は日本列島の最南端にある先島諸島の一部である。多良間村は多良間島と多良間島の北西約12kmに位置する水納島からなる。多良間島は平らで楕円形の島である。

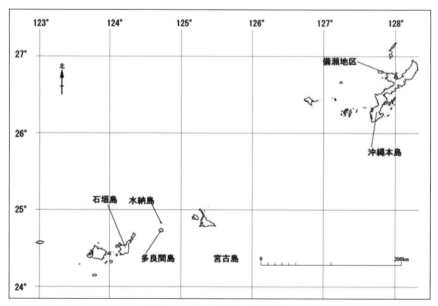

図5-1．多良間島の位置図

島の北側には標高約33mの平らな丘がある。多良間村の総面積は約22kmである。

集落は島の北側の丘のふもとにまとまっており、農地の大部分は村の外に広がっている。多良間島は琉球石灰岩が風化してできた島尻マージでほとんど覆われている。表土は痩せていて保水力が低い。かつては広範囲でイモ（甘藷）、大麦、キビ（穀類）などが栽培されていた。最近はサトウキビ（甘蔗）が多良間島の主要農産物になっている。また牛とヤギの飼育も盛んである。2018年8月現在の島内の総人口は1,163人である。

2．調査地の設定と調査方法

植生構造を解明するために、「村抱護」の中で5つのプロット、集落北側で3つのプロットを設定し調査した。「村抱護」の林帯は長さ1.8km、幅16m（現在は道路に削られて12m）で、1742年に造成されたといわれる。

図5-2．調査プロットの位置　　　　　　　注：原図は多良間村提供図による。

林帯の一部は畑への通行のために伐採されている。「村抱護」の林帯の中で最も人の介入が少ない地域を調査地に選んだ。樹高と植生のまとまりを目安にして、プロット1～5は12×13mの長方形、プロット6～8は半径15mの円形プロットにした。プロット6は村の共同墓地に、またプロット7と8は海岸の近くに設定した。

第3節　調査データの分析結果

1．調査結果

　典型的な琉球型の風水集落景観をよりよく理解するために、集落の概略を示したスケッチと1945年にアメリカ軍が撮影した航空写真を利用した。

　図5-3によると、集落後方の丘（クサティムイ＝腰当森）に、運城御嶽、泊御嶽、嶺間御嶽など、多くの御嶽がみられる。琉球では、集落の後方にある密閉した森の丘を「腰当森」と呼んでいる。北を背にした集落の左側には、天然の湧水のシュガーガー、フシャトウガーそしてアレーキのため池がある。

　集落の右側にはトゥカパナ（御嶽）やンタバルウガン（御嶽）がある。八重山遠見台は集落の最も高いところに位置している。林帯で形成された「村抱護」は、集落西側のトゥカパナから集落の前方（南側）を囲み、東北東のススンミ（白嶺）までの間に造成されている。

　琉球列島における理想的な風水景観は、御嶽を「腰当て」にして集落を抱くように配置されている。図5-3によれば、多良間島の所々に残っている森林の配置は、ほとんど御嶽のまわりと丘を背にしていたことが分かる。写真1に見える黒い帯の林帯は「村抱護」で、東西2つの丘を結ぶようにして集落の正面を取り囲んでいる。

　伝統的な風水モデルと多良間島の集落配置を比較すると、北側に腰当森、東側にピトゥマタウガンと塩川御嶽が、西側にトゥカパナと八重山

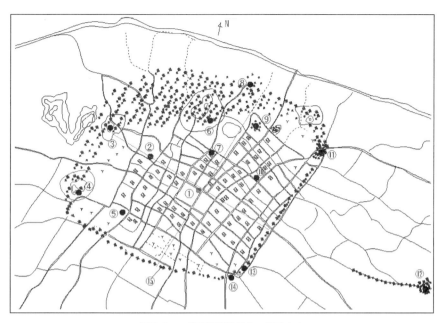

図5-3. 集落景観のレイアウト

①ブンミャー(旧番所)：ブンミャー(旧番所)は昔、ここにあった。そこは風水上、最高の立地(穴)であるとされた。
②ンタバルウガン：仲筋部落のための聖地で、毎年8月に壮大な祭り(8月踊り)が開催される場所。
③八重山遠見台：島で標高が最も高い場所で、琉球王朝時代に島の近海を通る船を見張るのに使われた。
④トゥカパナ：仲筋部落の聖地。
⑤ナガシガー：鍾乳洞の湧き水のある神聖な場所。
⑥運城御嶽：最も古い聖地の一つで、海の安全を祈願する場所である。
⑦アマガー：鍾乳洞の湧き水。
⑧泊御嶽：海の安全を祈願する場所。
⑨嶺間御嶽：塩川集落の聖地。
⑩ピトゥマタウガン：塩川部落の聖地で、毎年8月に盛大な祭り(8月踊り)が行われる場所。
⑪シュガーガー：鍾乳洞の湧き水のある神聖な場所。
⑫塩川御嶽：フクギ林で囲まれた神聖な場所でフクギの並木の参道がある。
⑬フシャトゥガー：鍾乳洞の湧き水のある神聖な場所。
⑭アレーキ：雨水が集まり自然にできた池。
⑮抱護：林帯は集落の前方から後方の丘にかけて、集落を囲むようにカーブを描いている。

写真5-1. 多良間島の空撮写真（1945年米軍撮影）

注：(1) ブンミャー（旧村番所）、(2) クサティムイ、(3) 八重山遠見台、
　　(4) トゥカパナ、(5) 村抱護、(6) 塩川御嶽、(7) ピトゥマタウガン、
　　(8) シュガーガー

写真5-2. 林帯による「村抱護」

写真5-3. フクギ屋敷林で囲まれた集落遠景

遠見台が、それぞれ玄武、青龍、白虎の風水配置を表徴している。「村抱護」が朱雀と朝山の機能を果たしていることは明白である。

筆者らは、玄武（北）、青龍（東）、白虎（西）、朱雀（南）の4つの象徴を結ぶ東西南北の主要な道に沿って、2つの交差するラインを描き出した。すると、ブンミャー（旧村番所）が、4つの象徴を結ぶ交点に配置されていることが分かった。ブンミャーは集落の中で最も風水的によい場所である「穴」に選ばれて建てられたものだと推測できる。仲筋と塩川の家々は、南北に伸びる道によって分割され、ブンミャーのまわりの開けた空間に散居して形成されている。

表5-1. プロット1～5の主な上層樹種

樹種名	数量	%	平均樹高(cm)	平均直径(cm)	平均推定樹齢
フクギ	119	63.6	691.1	20.5	82.1
テリハボク	38	20.3	667.8	25.4	—
モクタチバナ	12	6.4	631.2	15.3	—

2.「村抱護」の特徴

表5-1、表5-2は、「村抱護」内の調査区の樹種構成を示したものである。優占種はフクギで上層木の約64％を占めていた。次いで、テリハボクが約20％となっている(写真4)。

プロット1～5でフクギの割合は68.3％、73.8％、71.2％、52％、37％となっていた。テリハボクは同様にプロット1～5の中で29.3％、7.1％、5.8％、48％、29.6％となっていた。その他に、モクタチバナ、アカテツ、マルバチシャノキ、タブノキ、デイゴ、シマグワなどの樹種が見られた。

全調査区におけるフクギの樹高の平均値は642.1cmから805.1cmの間に広がっている。フクギのDBHの平均値は17.6cmから27.6cmに及んでいた。

写真5-4.　「村抱護」内の植生景観

調査区内のフクギの樹齢を推定するために、平田（2006）による公式（DBH÷２×８）を用いた。それによるとフクギの平均樹齢はそれぞれのプロットで70.4、83.2、79.6、110.4、84年と推定された。DBHの最大値はプロット１～５内で、それぞれ53cm、58cm、84.8cm、60.4cm、34.2cmであった。各プロットごとの最大樹齢は212年、232年、339年、241年、136年であった。プロット3の1本の樹齢以外は、全てこの林帯が植栽年代（1742）と一致していることがわかる。プロット3の1本のDBHは84.8cmで、この木は2本の木が実生で育ち、成長するにつれ合体したと推測される（写真5-5）。このように生育中に2つの幹が合体してしまうような特徴は、フクギ林の中ではしばしば見られるものである。

　「村抱護」内の全ての調査区の下層で、約46種の実生苗と草本類が見つかった。(表5-3) 全ての区で優勢であった種はクワズイモ、ゲットウ、リュウキュウガキ、ノシラン,タブノキ、ナガミボチョウジなどであった。

写真5-5.「村抱護」内のフクギの合体木

表5-2. プロット別の上層木の樹種構成

	樹種名	数量	%	平均樹高 (cm)	平均直径 (cm)	樹高最大値 (cm)	直径最大値 (cm)	樹高最小値 (cm)	直径最小値 (cm)
Plot 6	モクタチバナ	66	61.1%	402.0	4.2	840	12.1	196	1.9
	リュウキュウガキ	14	13.0%	444.9	5.2	639	10	239	2.8
	アカギ	10	9.3%	829.3	21.3	1134	42.8	434	7
	フクギ	8	7.4%	737.4	27.1	1047	49.3	191	2
	タブノキ	6	5.6%	641.0	11.5	811	19.4	430	4
	アカテツ	2	1.9%	432.5	2.6	451	2.8	414	2.4
	イヌビワ	1	0.9%	414.0	2.1	-	-	-	-
	イヌマキ	1	0.9%	783.0	19.3	-	-	-	-
総計		108	100.0%	489.4	8.1	1134	49.3	191	1.9
Plot 7	テリハボク	40	49.4%	982.4	21.4	1300	43	227	5.1
	イヌマキ	17	21.0%	231.2	1.5	306	1.9	126	1
	アカテツ	8	9.9%	249.3	5.3	370	29	197	1.4
	リュウキュウガキ	5	6.2%	255.8	2.9	300	3.9	185	2.2
	アカギモドキ	4	4.9%	215.3	1.6	250	2.2	185	1
	オオバギ	2	2.5%	160.5	1.6	171	1.7	150	1.4
	モモタマナ	2	2.5%	605.0	15.0	952	27.6	258	2.4
	オオシマコバンノキ	1	1.2%	230.0	1.0	-	-	-	-
	ハスノハギリ	1	1.2%	299.0	3.5	-	-	-	-
	シマグワ	1	1.2%	347.0	4.1	-	-	-	-
総計		81	100.0%	614.4	12.2	1300	43	126	1
Plot 8	リュウキュウガキ	51	45.9%	261.6	2.7	484.0	5.4	121.0	1.3
	テリハボク	26	23.4%	1111.5	24.4	1381.0	46.3	398.0	4.9
	フクギ	25	22.5%	349.6	4.1	933.0	13.3	138.0	1.4
	イヌビワ	3	2.7%	326.0	3.3	389.0	6.6	252.0	1.6
	アカテツ	2	1.8%	247.5	1.1	252.0	1.1	243.0	1.1
	モモタマナ	2	1.8%	982.0	15.6	1074.0	19.8	890.0	15.6
	オオシマコバンノキ	1	0.9%	415.0	4.8	-	-	-	-
	ハスノハギリ	1	0.9%	464.0	7.1	-	-	-	-
総計		111	100.0%	498.2	8.3	1381	46.3	121	1.1

3．クサティムイ（腰当森）の樹種構成

　プロット6〜8のデータは、集落の後方にある北側の丘で調べられたものである。表5-4は上層の樹種の特徴を示している。表5-4によれば、プロット6〜8の上層の樹種は、それぞれ8、10、8種であることがわかる。プロット6での優占種はモクタチバナで、全ての高木の約61％を占めていた。プロット7での優占樹種はテリハボクで約49％、プロット8での

表5-3. 「村抱護」内の下層植物リスト

樹種名	アカギ	グミモドキ	ナガミボチョウジ
	アカテツ	クロツグ	ノシラン
	アコウ	クワズイモ	ハマサルトリイバラ
	アダン	ゲットウ	ハリツルマサキ
	イヌマキ	サキシマボタンヅル	バンジロウ
	イボタクサギ	シマヤマヒハツ	フクギ
	シャリンバイ	ススキ	ヘクソカズラ
	エダウチチヂミザサ	センダン	マサキ
	エビヅル	ソテツ	モクタチバナ
	オオシマコバンノキ	タイワンウオクサギ	モモタマナ
	オオバギ	タブノキ	ヤマグワ
	オオムラサキシキブ	ツルソバ	リュウキュウガキ
	ガジュマル	テリハノブドウ	リュウキュウカラスウリ
	キールンカンコノキ	テリハボク	リュウキュウコクタン
	ギンネム	ナガバカニクサ	リュウキュウボタンヅル
	クチナシ		
総計	46種		

　優占樹種はリュウキュウガキで約46％を占めていた。

　プロット8の出現種数の中で、高木のテリハボクは23.4％、フクギは22.5％、合計46％を占めていた。クサティムイ（腰当森）の調査区の下層には約22種の植物が見られた。表5-5に全ての下層種名を載せている。全調査区で見られた優勢な種は、クワズイモ、リュウキュウガキ、フクギ、イヌマキ、ナガミボチョウジであった。

　プロット6（写真6）は集落の共同墓地の中にある。プロット6では、主にモクタチバナ、リュウキュウガキ、アカギ、フクギ、タブノキなどが、それぞれ約61.1％、13％、9.3％、7.4％、5.6％を占めていた。（表5-4）プロット6のアカギは樹高とDBHの平均がそれぞれ829.3cm、21.3cmであった。プロット6で見つかったフクギは樹高とDBHの平均がそれぞれ737.4cm、27.1cmであり、その平均の樹齢は85年と推定された。フクギ

表5-4. プロット6〜8の樹種別調査データ（クサティムイの上層樹種）

	樹種名	数量	%	平均樹高(cm)	平均直径(cm)	樹高最大値(cm)	直径最大値(cm)	樹高最小値(cm)	直径最小値(cm)
Plot 6	モクタチバナ	66	61.1%	402.0	4.2	840	12.1	196	1.9
	リュウキュウガキ	14	13.0%	444.9	5.2	639	10	239	2.8
	アカギ	10	9.3%	829.3	21.3	1134	42.8	434	7
	フクギ	8	7.4%	737.4	27.1	1047	49.3	191	2
	タブノキ	6	5.6%	641.0	11.5	811	19.4	430	4
	アカテツ	2	1.9%	432.5	2.6	451	2.8	414	2.4
	イヌビワ	1	0.9%	414.0	2.1	-	-	-	-
	イヌマキ	1	0.9%	783.0	19.3	-	-	-	-
総計		108	100.0%	489.4	8.1	1134	49.3	191	1.9
Plot 7	テリハボク	40	49.4%	982.4	21.4	1300	43	227	5.1
	イヌマキ	17	21.0%	231.2	1.5	306	1.9	126	1
	アカテツ	8	9.9%	249.3	5.3	370	29	197	1.4
	リュウキュウガキ	5	6.2%	255.8	2.9	300	3.9	185	2.2
	アカギモドキ	4	4.9%	215.3	1.6	250	2.2	185	1
	オオバギ	2	2.5%	160.5	1.6	171	1.7	150	1.4
	モモタマナ	2	2.5%	605.0	15.0	952	27.6	258	2.4
	オオシマコバンノキ	1	1.2%	230.0	1.0	-	-	-	-
	ハスノハギリ	1	1.2%	299.0	3.5	-	-	-	-
	シマグワ	1	1.2%	347.0	4.1	-	-	-	-
総計		81	100.0%	614.4	12.2	1300	43	126	1
Plot 8	リュウキュウガキ	51	45.9%	261.6	2.7	484.0	5.4	121.0	1.3
	テリハボク	26	23.4%	1111.5	24.4	1381.0	46.3	398.0	4.9
	フクギ	25	22.5%	349.6	4.1	933.0	13.3	138.0	1.4
	イヌビワ	3	2.7%	326.0	3.3	389.0	6.6	252.0	1.6
	アカテツ	2	1.8%	247.5	1.1	252.0	1.1	243.0	1.1
	モモタマナ	2	1.8%	982.0	15.6	1074.0	19.8	890.0	15.6
	オオシマコバンノキ	1	0.9%	415.0	4.8	-	-	-	-
	ハスノハギリ	1	0.9%	464.0	7.1	-	-	-	-
総計		111	100.0%	498.2	8.3	1381	46.3	121	1.1

の樹齢は最大で171年であった。アカギとフクギは人工植栽の可能性が高いとみられる。

　プロット6において下層植生は8種のみで、他に比べ希薄であった。これは墓地環境を維持するために、住民が定期的に下層の草や低木を切り払う作業を行ってきたことが原因と考えられる。

プロット7(写真5-7)は海岸線から110mほど離れた海に面した斜面に位置している。最も多い樹種はテリハボクで全高木の50％であった。その他に多数を占めていた樹種はイヌマキ、アカテツ、リュウキュウガキなどであった。プロット6や8と比較して、上層と下層には多くの種が出現していた。

表5-5. クサティムイの下層植物リスト

樹種名	アカギモドキ	シマヤマヒハツ	ハスノハギリ
	アカギ	ソテツ	フクギ
	アカテツ	タブノキ	ヘクソカズラ
	イヌマキ	ツゲモチ	ホウビカンジュ
	オオシマコバンノキ	テリハボク	リュウキュウガキ
	オオバギ	トゲカズラ	リュウキュウコクタン
	クスノキ	ナガミボチョウジ	ノシラン
	クワズイモ		
総計	22 種類		

写真5-6. プロット6の下層状況

プロット7の上層木の総数は81本であった。これはプロット6及び8の80％以下である。上層木の本数が少ないため、開けた空間ができ、そのため下層植生が発達している。下層種ではホウビカンジュやトゲカズラなどが多く出現する。プロット7ではフクギは1本も見られなかった。

　プロット8（写真5-8）はプロット7より少し内陸側にある。プロット8はプロット7と6の中間域として設定された。プロット8の上層はかなり密集しているが、下層植生は未発達であった。上層の中で最も本数密度の高い種はリュウキュウガキ、テリハボク、フクギであった。しかし、フクギとテリハボクの太さが異なることは注目に値する。テリハボクのDBHの平均は24.4cmであったが、フクギは4.1cmであった。テリハボクのDBHの最大値は46.3cmだったが、フクギは13.3cmであった。これらの数値から、それぞれフクギの樹齢を平均16.4年と最大53.2年と推定できる。一般にテリハボクはフクギよりも成長が早い。このことから、もともとテリハボクが生えていた自然林の中に、後発でフクギが生え始めたと考えられる。

写真5-7. プロット7の植生

第4節　結果及び考察

1．島嶼地域における風水集落景観の特徴

「抱護」とは、沖縄風水の概念の基本用語である。「村抱護」は集落の前方を囲みながら東西に及ぶまでの林帯で、「クサティムイ」(腰当森・集落の後ろで保護されている自然林のこと)とともに集落を取り囲むようにあった。また、「抱護」は家屋、集落、近隣のいくつかの集落、海岸線を囲む林帯のことも指し、それぞれ「屋敷抱護」(家の周りを囲む林)、「村抱護」、「間切抱護」、「浜抱護」などと呼ばれる。

多良間島は、典型的な風水集落の景観構造である。それを明確にするために調査地として選定した。風水において本来は集落周辺の丘陵地形がその役割を果たすのだが、多良間島では林帯の「村抱護」が、実際に朱雀としての機能を果たしている。植林は不完全な地形を補完するためで

写真5-8.　プロット8の植生

ある。集落の後方、左右、正面の丘の上に植えられた林帯の「抱護」は、四神である玄武、青龍、白虎、朱雀を象徴しているともいえる。四神の交差する点は最高の立地であり、これにブンミャー（旧村番所）が位置している。集落の家々はブンミャーの周りの広く開かれた場所に集まっている。

　要約すると、地勢を強調する中国本土の風水とは対照的に、琉球の風水集落は屋敷、集落の周辺を樹木で囲う手法をとる。中国と韓国では、風水集落景観は周囲の地勢を蔵風得水（風を貯え、水を得る）の観点から注目する。対照的に、沖縄では、集落の家々は多層の林帯で囲む。クサティムイは後方の丘を構成し、それが集落前方の「村抱護」に繋がって、集落全体を囲む。海岸域では「浜抱護」がつくられる。そのようなレイアウトを設定するのは、集落を冬の北風と夏の台風から守るためである。大陸と島嶼のレイアウトの違いは、自然環境の差異に起因しているのである。

２．集落後方の風水樹と前方の「村抱護」

　「村抱護」では主にリュウキュウマツやフクギなどが植えられ、多様な植生を形成する。海岸域の「浜抱護」の樹種は、大部分はアダン、オオハマボウ、クロヨナなどである。リュウキュウマツは常緑樹で風水上好まれるため、「村抱護」に利用される。「屋敷抱護」には家屋を取り囲むようにフクギが植えられている。

　多良間島には、風水の森や林が多く残っている。村の前方には「村抱護」が、後方には、クサティムイの丘がある。これは琉球島嶼型の風水集落の特徴といえる。そのレイアウトと森林の構成の特徴について調査した結果、「村抱護」の林帯の主林木は２層構造であることがわかった。「村抱護」の中では、フクギとテリハボクが上層の優占種になっていた。対照的に、集落後方の樹種は多種多様であった。主な樹種は、リュウキュウ

ウガキ、テリハボク、モクタチバナ、イヌマキなどであった。「村抱護」の下層植生は46種、集落後方の森での下層植生は22種と少なかった。

　人工植栽の「村抱護」の林帯とは対照的に、集落後方の森（クサティムイ）は、天然林と人工林の混交であった。クサティムイの植生は、人為による撹乱が少なく、天然更新による再生林が多い。集落前方の林帯の「抱護」と北側の森林は、現在では、天然更新しながら多様な植物社会を形成している。

3. 大陸型モデルと島嶼型モデル

　風水樹を象徴的に利用する中国本土や香港、韓国と比較して、琉球の風水集落は、季節風や頻繁に到来する台風から集落を守るためにフクギを集落の周囲に植えるというような、より実践的な利用形態をとっている。フクギの屋敷林で囲まれた家々があり、さらに集落全体を「村抱護」が取り囲む。集落後方の自然林（クサティムイ）は、寒い冬の季節風から集落を守るために保存されていた。「抱護」には、村を囲むものから、複数の村を囲む大規模なものまであり、それらは地形だけではなく、植林によってもその機能を果たしている。海岸域の「浜抱護」にはリュウキュウマツ、アダンなどが植えられる。

　中国本土と香港、韓国では、風水樹は一般に、集落の入り口でシンボルとして立っている。常緑樹は幸運をもたらすとされ好まれる。沖縄では、風水樹は林帯を形成して家や集落、そして海岸線を取り囲むように存在し、強風から生活基盤を守るという機能的役割を果たしている。風水樹も中国の象徴樹と異なり、より機能的な樹種として、フクギ、テリハボク、リュウキュウマツ、アダン、オオハマボウなどが選定されている。

　沖縄と中国・韓国を比較すると、風水のコンセプトは同じであるが、そのレイアウトと風水樹の利用の仕方において、大きな違いが見られる。中国大陸で発達した風水は、沖縄に導入され沖縄の自然環境に適合する

ように改良され応用されていった。要約すれば、中国は象徴的レイアウトであるのに比べ、沖縄はより機能的に配置を考え、それを強化するため風水樹もより機能的な樹種が選定されていることである。このような事例から、中国の大陸型モデルに比して、沖縄は島嶼型モデルとして区別することができよう。

第6章　沖縄の風水集落景観
―名護市真喜屋・稲嶺集落の事例―

第1節　序　論

　沖縄本島北部の稲嶺集落（写真6-1）には、本部町の備瀬と今帰仁村の今泊と同様に、フクギの屋敷林がよく保全されている。（写真6-2）この稲嶺集落と隣接する真喜屋集落は、1857年から1887年の間に3回ほど風水師によって、風水鑑定が行われている。その大きな理由は高潮・火災による人家損壊や生産域の被害が頻繁に起こっていることにあった。その詳しい見分日記が県内では唯一残されている。

　稲嶺集落と真喜屋集落の景観は、沖縄本島北部の山原における典型的な様相を示している。これらの集落は平坦な場所に位置し、背後には山、対面には海と小さな島がある。「真喜屋川」と「まん（満）川」が、背後の山から集落を通り、海に流れ出ている。多くの小川も集落を流れている。1903年ごろに描かれた土地利用図によると、集落前面の平地の多くは水田で、背後の山は農地として開墾されている。

　本稿では、風水見分日記を参考に、現在、残存する林帯の「村抱護」やフクギ屋敷林の配置・推定樹齢の調査データなどから、集落の景観形成の特徴を探ることにする。

第2節　調査地と調査方法

　通常、フクギ屋敷林は近世期に確立した計画村落によく見られる景観である。フクギは防風・防潮だけではなく、燃料・緑肥として農民の生活に重要な役割を果たしてきた。戦後、多くの木造住宅がコンクリート造住宅に取って代わり、それと同時に多くのフクギ屋敷林も伐採された。

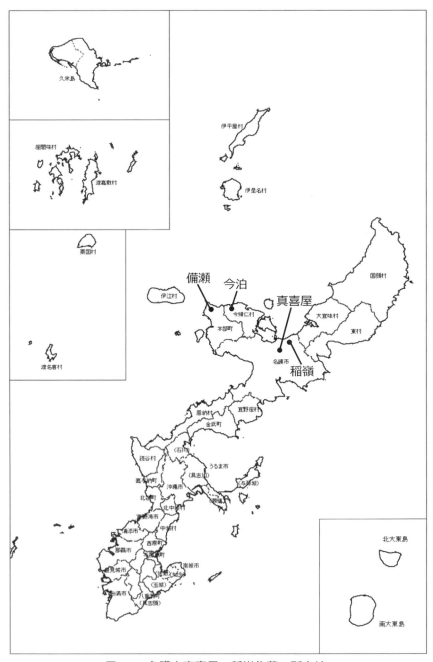

図6-1. 名護市真喜屋・稲嶺集落の所在地

写真6-1. 稲嶺（右上の海岸沿い）と真喜屋（左下）
注：縮尺1:2000。出典：Google Earth Pro.

写真6-2. 稲嶺集落のフクギ並木風景

現在のフクギ屋敷林の景観は、時々、剪定や間引きなどの手入れによって形成されたものである。伐採された木や枝は、家屋建築材や燃料用材として使われた。また戦災で多くのフクギ巨木も消失している。それでも集落内部には、当初植栽されたとみられる巨木が、今でも残されている。フクギの巨木には、集落の歴史が刻まれているのである。これらの巨木の樹齢を推定することで、「ゴバン型近世村落」の形成プロセスが見えてくると思う。

真喜屋・稲嶺集落は、沖縄本島北部の名護市に位置している。現在、真喜屋集落ではフクギの屋敷林はほとんど見かけないが、稲嶺集落では、鬱蒼としたフクギ屋敷林が今でも残されている。(写真6-2)

フクギの毎木調査は、2009年4月—6月に、以下のように行った。樹幹のDBH (Diameter at Breast Height、地面から120cmの直径)が25cm以上の全てのフクギを計測した。これらのデータを基に、平田式(2006)[DBH (cm)÷2×8]を応用して樹齢を推定した。フクギ巨木の配置を地図化するために、A1サイズ、縮尺1/1500の住宅地図を利用した。全ての計測データは、推定樹齢によって4つのグループに分類し可視化した。

第3節　結果及び考察

1．集落前方の島と背後の山

真喜屋・稲嶺集落は、南・東側の丘陵地を背後にし、ほぼ北側の海に面して立地している。稲嶺集落は真喜屋集落の分村にあたり、そのため集落の本家の家族は真喜屋に、分家の家族は稲嶺に帰属している。稲嶺の土地はカニクとも呼ばれる。カニクとは地域の方言で砂地を意味し、農業には適していない。

風水上の主軸線は、南側の背後の丘にある「上之御嶽」からマツの林帯に囲まれている「あは尾森」(アハチャビムイ・アハチャビ)を通り、集落

前面に位置する奥武島の「奥武原御嶽」に至る。(写真6-3) 沖縄の集落景観における最も重要な要素として"御嶽"があげられる。御嶽とは、集落の守護神を祀る聖地のことで、豊かな農作物の収穫や海の恵み、幸運、旅の安全を祈るために、神人が訪れ祈願する場所である。真喜屋の前方の奥武島は、現在では橋が架けられ本島とつながっているが、かつては離れ島で農地や墓地として利用されていた。

　主要軸の北側周辺に位置する「あは尾森」と「とまんざ森」(トマンジャムイ・トウンマンジャムイ)の2つの小さな森は、風水上最も重要な場所だと考えられている。ここは"風水所"と呼ばれる。"風水所"とは風水の要の場所で、集落全体の風水と密接に関わっている。

　もう1つ重要な御嶽として「マテキヤ御嶽」(マデキャ御嶽・マディキャ御嶽)があげられる。この御嶽は稲嶺集落の東側、源河集落との境界をなす丘陵地に位置している。稲嶺集落の人々は、旧暦の9月9日に、この場所で健康・五穀豊穣・子孫繁栄の祈願をする。

　真喜屋集落の南西側に「真喜屋川」がある。さらに真喜屋集落を囲むように北東の方向に「まん川」がある。これらの川は集落の背後の山から前面の海に向かって流れている。つまり、背後の「上之御嶽」、前面の奥武島、東の「マテキヤ御嶽」、南西の「真喜屋川」・北東の「まん川」は、風水の配置、すなわち玄武・朱雀・白虎・青龍を象徴している、と見ることもできる。

　背後の山脈は、生気の源泉となる。「上之御嶽」の他にも、「上之御嶽」の麓に位置する「上之川井」(ウイヌハーガー)、「のろ殿内井」(ヌルガー、神女専用の井戸)を含むいくつかの聖地としての泉は、人々が旅の安全を祈る場所となっている。集落の内部にはアシャギという広場があり、そこに村の人々が集い、神を招いて豊作を祈る。旧暦の8月8日には、2つの集落の人々がアシャギで歌い踊り、豊作を祈る。

　東の「マテキヤ御嶽」から主軸線を横切り、「真喜屋川」まで続くライン

を描くと、主軸線との交点周辺に中心となるエリアがあることが分かった。この中には大屋子や根神、そして現在の公民館が位置している。大屋子とは村の倉庫を管理する役職のことで、倉庫には旧暦の6月2日以降に村人から徴収した米俵が保管されていた。沖縄本島やその周辺離島では、集落への最初の入植者の住居は根屋と呼ばれ、集落祭祀の中心的な場所になっている。根屋で最初に生まれた息子は根人、娘は根神と呼ばれる。

写真6-3. 真喜屋（西）と稲嶺（東）における集落レイアウトの風水的解釈

注：①奥武島中央の奥武島原御嶽。②潮垣（浜抱護）と呼ばれるマツ・フクギの並木。
　　③集落の中心部　④あは尾森：拝所。マツの並木で縁取られた丘
　　⑤真喜屋川：羽地地域で最も大きな川　⑥マテキヤ御嶽
　　⑦上之御嶽：集落の重要な拝所・神聖な森。
　　　　　　　　　　　　出典：沖縄県公文書館所蔵の1945年米軍空撮写真より。

2．風水所

1857年の神山里之子親雲上の風水見分日記には、「上之御嶽」、ノロ殿内（王府公認の村落祭祀を司る神人の住居）の井（カー）、「上之川井」の方位の風水見（診断）から始まっている。これらの風水所は真喜屋集落の背後の丘陵地にまとまった形で配置され、集落の龍脈に関連づけられて解釈されているように見える。

集落の風水で重要なこれらの場所の他にも、風水所として定められた場所がある。写真6-3は、風水所を写真上に図化したものである。

風水見聞日記によれば「あは尾森」（アハチャビ）と「とまんざ森」（トマンジャムイ・トウンマンジャムイ）は2つの集落にとって重要な風水所である。「あは尾森」の風水樹や、「かざな森」（ハジャーナムイ）、「とまんざ森」などの森林は、よく繁茂させるようにアドバイスしている。真喜屋の南側に位置する「あは尾森」は、マツで縁取られた小さな丘で、現在でも真喜屋のランドマークとなっている。（写真6-4）集落の端として認識されていた「とまんざ森」は、かつては小さな森だったが、現在では森はなく更地になっている。

「かざな森」は、2つの集落にとって重要な風水所として定められている。現在、その場所は真喜屋小学校になっていて、いくつかの巨木が確認できる。

写真6-4．南側入り口から撮影したアハチャビ
注：アハチャビは、人々が北の奥武島に向かって祈りを捧げる重要な場所。

奥武島北側の「あふこふ」(ウプグフ)、「とんこわん崎」、「すたり畠・すたい畠」(シティーバタキ) は、風水所として定められ植林が義務付けられていた。これらの風水所は、集落の南北軸の北側に位置する「奥武原御嶽」を取り囲むように立地している。これらの場所に植林することは、「奥武原御嶽」の生気を高める効果が期待されている。

　1868年に行われた2度目の風水見分では、村の中心部に位置するウペーフのそばが風水所にあたり、そこに植樹すべきことが指示されている。1888年に行われた3度目の風水見分では、さらに多くの風水所が選定されている。「津花川」(スパナガー) の水口には、小さな池が掘られている。この場所はツルカメ湧水の北に位置する。ツルカメは航海の無事を祈る聖地である。池は主要な風水所であるとみなされた。龍の飲み水であるとも考えられる。

3．植樹による「抱護」の造成

　風水集落で森林を育成することは、土地の生気を高めたり、強風を避けたりするために重視されてきた。(何、1990) 中国や香港の新界における伝統的集落では、豊かな森林が広がっていた。(Chen, 2008) 一方、沖縄の風水集落では生気を留めるために、林帯による「抱護」が造成され維持管理されてきた。林帯は、全ての住居、さらには集落全体をも取り囲む。また、沿岸沿いでも潮垣 (浜抱護) の林帯を見ることができる。(写真6-5) しかし、ここ数十年の間に、ほとんどの「抱護」は失われてしまった。(写真6-6)

　風水見分記録によると、重点項目の1つとして、2つの集落を取り囲むように海岸線沿いにマツを植え潮垣 (スガキ) を造成するよう奨励している。真喜屋馬場 (集落のはずれに位置する、レクリエーション等を行う広場) から「マディキャ御嶽」のふもとまで、海岸線に沿ってマツが植えられていた事実が、1945年の米軍空撮写真でも確認できる。各世帯に割

写真6-5. 稲嶺集落北側から源河集落に連なる海岸沿いのマツ並木

注：マツは18世紀半ばに植林されはじめ、第二次世界大戦直後でもよく管理されていた。この写真は1950年代ごろに撮影されたものである。
出典：旧沖縄県林業試験場提供(現沖縄県森林資源研究センター)。

写真6-6. 残存する14本のフクギ林帯（稲嶺集落海岸沿い）

注：これはもともと集落を守るために植えられた「村抱護」の一部である。集落を塩害から守るために海岸沿いに植えられていた潮垣は、復帰後、国道58号線の拡張工事で伐採された。

り振りして「抱護」の造成が行われていた。苗木が枯死したとき、その植え替えは、その区域を担当する世帯に義務付けられていた。風水見分日記には、1世帯あたりの植樹義務について、次のように記している。

　「真喜屋の各家内（世帯81）は、1家内8.5mの割り当て、約10m
　　に松6本植えること。
　　稲嶺の各家内（世帯52）は、1家内約10mの割り当て、約10m
　　に松6本を植えること」

さらに「抱護」の松の管理と罰金についても次のように定められている。

　「松を切り取ったり、牛や馬に若木を踏みつけさせた者は、
　　1本につき罰金として米5升（約9リットル）を課す。」

最も標高の高い地点のターチヂから稲嶺と真喜屋の両集落の背後にある山まで、生気の流れを良くするために、尾根に沿ってマツの植栽を推奨している。マツの他にも、川沿いに洪水防止のためにアダンなどが植えられている。

「あは尾森」（アハチャビ）と「とまんざ森」（トマンジャムイ・トウンマンジャムイ）の2か所は、村の第1の風水所であるから、内側にはマツ、外側（アハチャビの麓に位置する畑）の幅約90cmを広げて、アダンを植える。盛生させると風水がよくなるという。

屋敷林の枝が道にまで伸びているのは風水上よくないとして、伸びすぎた枝を剪定させたりしている。

4．風水集落の形成

稲嶺集落は、近世琉球時代の1736年に設立されたといわれている（稲嶺誌、1988）。しかしそれについての信頼できる資料がまだ見つかっていないことから、その設立年代は確証をえていない。稲嶺集落に関する最も古い記録は、1796年のものである。

人口が増加し、分家した家族が定住する場を確保するために、ほぼ同

時期に沖縄本島内において多くの集落が新しく設立されたり、移動したりしている。新しい集落のほとんどは、農業に適さない海辺の砂地の上に形成されている。稲嶺集落の本村は真喜屋である。もともと畑の仮小屋であった所から発展し、分村として形成されたと見られる。

稲嶺集落のフクギは、備瀬や今泊と比較すると、巨木が少ない。その主要な要因は、後年、住宅建設に伴う伐採と、第二次世界大戦で消失したことによる。

　調査データによれば、稲嶺集落には、樹齢100年以上のフクギが253本ある。そのうち樹齢250年以上のものは3本、その中の2本は別々の屋敷内に、もう1本は海岸沿いに生えている。（表6-1）屋敷林で最も古いフクギは、推定で約298年である。

　集落の「抱護」で最も古い木は、推定で約258年である。これからすると1751年ごろに植林されたと推定でき、これ以降に、稲嶺集落は本格的に形成されていったことが想定できる。

　図6-1は、古木の分布を推定樹齢別に示したものである。A地区は稲嶺集落の最初の定住地と考えられ、その後、b地区へ広がっていった、と推測される。

表6-1．稲嶺集落に残存する巨木

樹　齢	本　数	住居数	抱護に残存する木の本数	木の総数
250〜300	2	2	1	3
200〜249	7	5	2	9
150〜199	33	13	5	38
100〜149	197	32	6	203
総　計	239	−	14	253

1903年に作成された土地利用図によると、a地区とb地区のみが居住地として示されている。a地区はムラナハ、b地区はミーバーリと呼ばれている。ムラナハは集落の中心、ミーバーリは新しい土地を意味する。フクギの巨木もムラナハに集中し、その後、ミーバーリに新たに植栽されていることが読み取れる。

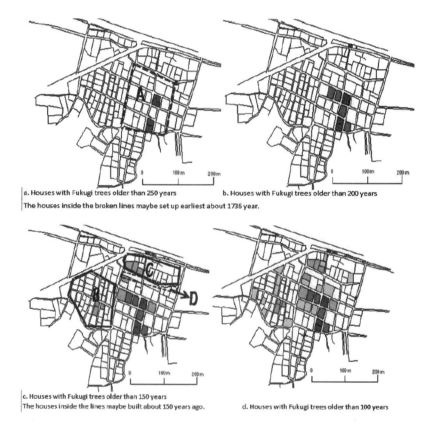

図6-1.　稲嶺集落におけるフクギの巨木の分布

注：2000年度版のゼンリン住宅地図を基に作成した。

写真6-8. 風水所の配置

注：① アハチャビ：周囲にマツが植えられた小高い丘（写真6-4）
② トマンジャムイ
③ ハジャーナムイ
④ ウプグフ
⑤ とんこわん崎：奥武島の北側の突端
⑥ シティーバタキ
⑦ 奥武原御嶽
⑧ 「おひやく屋」（ウペーフ屋）そばの野原。ここに植林するよう提案された
⑨ 「津花井」（スパナガー）の水口（チルカミ）に掘られた小さな池、飲料水・出産の利用水。

出典：1945年米軍空撮写真（沖縄県公文書館所蔵）。

写真6-9. 稲嶺集落における景観の風水的解釈

注：①「高辻」(ターチヂ)：稲嶺集落背後の高い山、海抜約112m
②上ヌビンジュル：集落背後の御嶽
③下ヌビンジュル：集落背後のもう1つの御嶽
④潮垣（浜抱護）：マツとフクギの海岸林
⑤マディキャ御嶽
⑥ハジャーナムイ：稲嶺集落西側境界の森
⑦テンヨームイ：マツに覆われた小高い丘
⑧ムラナハ：集落発祥の地。

出典：1945年米軍空撮写真（沖縄県公文書館所蔵）。

写真6-8は、風水見分日記に基づく重要な風水所を示したものである。これには御嶽や、あるいは植林した木々で囲まれた小さな丘などが見て取れる。

写真6-9で示したように、南側の最も高い丘である「高辻」（ターチヂ）から、住居の背後にある「ひつる御嶽」（上のビンジュルと下のビンジュルの2つの拝所がある）を通り、北側の海岸沿いにつながる軸線を描いた。もう一つの軸線は、「マテキヤ御嶽」（マデキャ御嶽・マディキャ御嶽）から南北の軸線と交わり、真喜屋集落と稲嶺集落の間にある巨木で覆われた小さな丘の「かざな森」（ハジャーナムイ、現在の真喜屋小学校）につながる軸線である。a地区（図6-1）のムラナハは、これらの軸線の交点周辺に位置している。

風水見分の記録によると、高倉（農作物の貯蔵）を含むc地区（図6-1）は、水田の細い帯状ライン（図6-1のd）で、茅葺きの住居エリアであるa地区と仕切られている。a地区とc地区の間のラインには、境界区分のためにフクギが植林されている。c地区に位置する最も大きな木の樹齢は約150年から200年である。

5．結論

沖縄では、背後に高い山があり、前面に海があるのは、理想的な風水集落の景観である。稲嶺集落は、背後の高い山と前面の海に挟まれた帯状の砂地の上に形成されている。風水見分の記録には、背後の山と南北軸のラインが、風水集落の配置にとって最も重要であることが説かれている。沖縄では背後の山はクサテイムイ（腰当森）とよばれ、通常はそこに主要な御嶽が配置されている。真喜屋の「上之御嶽」は、村に面した斜面に位置している。上之御嶽の下には、いくつかの神聖な泉がある。背後の山は村に流れ込む生気の源とみられている。もう1つの聖地であるアハチャビは、南北主軸線の上に位置している。真喜屋集落の北側にあ

る奥武島の中央にある「奥武原御嶽」は、主軸線の先端に連なっている。

　真喜屋集落の背後の「上之御嶽」、前面の奥武島、東の「マディキャ御嶽」、西の真喜屋川は、風水景観における玄武、朱雀、白虎、青龍を表徴するものと見ることができる。これらの象徴をつなぐ2本の軸線を描くと、その交点周辺に大屋子、根神、番所跡（現在の公民館）など、村の行政・祭祀に関わる重要な建物が配置されている。

　風水所の存在は集落全体の運気に深く関係していることから、前述の聖地以外にも風水所が選定されている。「アハチャビ」、「トマンザムイ」、「ハジャーナムイ」は、集落の北側にある3つの丘で、その位置する場所は、南北軸線の周辺に群がっている。これらの丘は大事な風水所であるため、多くの樹木を植えることが義務付けられていた。「奥武原御嶽」の背後の3地点も、風水所として選定されている。

　風水見分日記には、植林の重要性が指摘されている。とくに風水所では豊かな森を育成することが繰り返し述べられている。村落北側の海岸線沿いでは、潮垣（浜抱護）の機能を果たすよう帯状にマツが植えられた。フクギの林帯は、「村抱護」だけではなく、各屋敷を取り囲むように造成された。背後の山脈沿いには、村を囲繞するマツ林の「抱護」が帯状に植えられていた。主要な河川である真喜屋川と「まん川」沿いには、水害を防ぐためにアダン林が植栽されている。このような植林事業は単に風水上の景観保全からだけではなく、冬の北風や潮害などから家屋・農地などを守る生活環境保全が最大の目的になっていたのである。

　これらの風水景観は、戦時中、日本軍によって防衛上問題があるとして、そのほとんどが焼き払われ消滅した、と言われている。海岸沿いのマツ並木も昭和30年代まで残っていたが、道路拡張で伐採されてしまった。現在、樹齢100年以上の残存フクギ屋敷林は、真喜屋集落では12本、稲嶺では239本となっている。（表6-1）これらの残存木には村の歴史が刻み込まれている。

沖縄の風水集落景観には、地域在来の信仰と環境保全的意味が包含されている。地域の聖地である御嶽は、集落風水を論ずる際に、大事なキーワードである。沖縄における風水上の植林の最大の意義は、農地・屋敷を含む生活環境全体の保全にある。

第7章　フクギ巨木の分布と風水集落の成立

第1節　序　論

1．沖縄の伝統的風水集落景観

　沖縄における風水の実践は、地形の経験的な観測に基づいて行われる。これが最終的に目指すのは、人間と自然との調和を達成することである。風水は中国ではじまり、東アジアの他の地域に広がった。14世紀末、中国福建省からの閩人の移住とともに、琉球王国に風水が伝えられた。沖縄における風水村落に関する歴史的な記録は限られているが、1857年から1888年にかけて行われた風水見分の記録が、沖縄本島の旧羽地村に残されている。(名護市教育委員会、2006) その中では植林の重要性が強調されている。集落全体の風水と密接に関連している風水所においては、よく繁った森林を育成することが義務付けられた。集落全体だけでなく、屋敷の周辺を取り囲むように、フクギによる林帯の「抱護」が育成された。(陳・仲間、2011)

　沖縄県の南に位置する八重山諸島において1863年から1864年にかけて行われた風水見分の簡潔な記録は、風水師の鄭良佐によって『北木山風水記(1864)』の形で残されている。1965年には、花山孫位の手書きによる同記録の複写本が発見された。(町田・都築、1993) 数少ないこれらの記録により、風水師が集落の創設・移動や集落景観の改善について助言を与えていた事実が読み取れる。これらの風水集落は、主に小島あるいは海岸沿いの砂地に位置している。住居は整然と並んで配置されている場合が多く、各住居はフクギ屋敷林で取り囲まれている。このフクギ屋敷林は「屋敷抱護」とも呼ばれる。「抱護」とは風水用語で、文字通り「抱いて護る」意味がある。夏の強い台風や冬の季節風から家屋を保護す

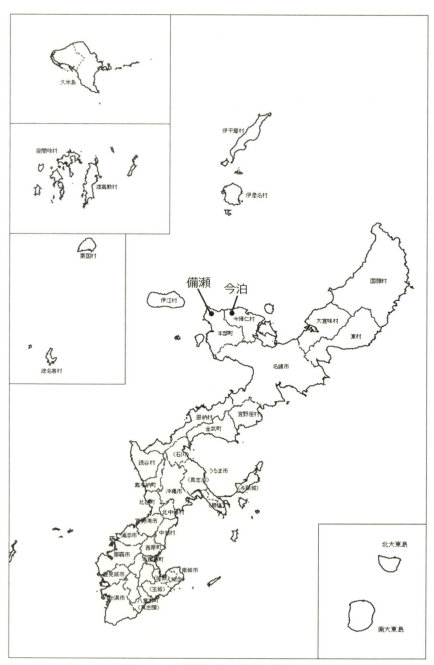

図7-1. 琉球諸島と調査地の位置

るために、屋敷の周辺を樹木で取り囲み密閉する。

　蔡温の『山林真秘』は山地での植林技術を記したものである。良質な材木を育成するためには、山の地形で取り囲まれた「抱護」が重要と強調する。山の地形が欠落している低い部分には、植林で補てんすることを提案している。(Purves et al., 2009)

　典型的な風水集落においては、村の背後の天然林や前面に植林された森林帯がよく保全されている。そこでは生物多様性の豊かさを見ることができる。(Chen, 2008; Chen et. al, 2008a)

　地域の人々によって保全された神聖な森(御嶽)は、狭いエリアに断片的にしか残されていないが、このような森の存在はアジア内外で報告されている(Zhuang and Gorlett, 1997; Pamanujam et. al, 2002; Upadhaya et. al, 2002; Mgumia et. al, 2003)。経済的発展と急速な都市化で、文化的に保護されてきた森でさえ消えつつある。(Ghandrakanth et. al, 2004)

2．フクギの屋敷林

　フクギ屋敷林は、沖縄でよく見られる光景である。最も古い木は、約300年前に植えられたと考えられている。樹木で囲まれた風水集落の景観は、自然環境の厳しい沖縄において環境保全的な役割が大きい。その存在意義は高いが、その実態はよく知られていない。
沖縄で屋敷林として植えられているフクギは生長の遅い種ではあるが、防風林、燃料、さらには肥料として、農民の生活にとって重要な役割を果たしてきた。

　フクギ屋敷林は、住居の北側と海に面した側の方が、他の側よりもその密度が高く、風向を意識して機能的に配置されている。(Chen et. al, 2005; 2006; 2008b)

　ここ何十年かの間に、地域の人々はコンクリート造の住宅を建てるよ

うになり、その結果、緑豊かな風水集落の景観は失われてきた。(重松, 1978) 戦時中には村落内の多くのフクギが消失している。終戦直後には、深刻な材木不足のために、人々は生長したフクギの木を切って住宅を建てた。それでも沖縄本島北部の備瀬・今泊・稲嶺や、離島の渡名喜島や粟国島の数ヵ所では、フクギの景観が良好に保全されている。

本部町備瀬で行った調査によると、海岸沿いや集落北側のフクギ林帯の方が、集落内部よりも密度が高かった。(Chen et al., 2006) 筆者らは、フクギ屋敷林の現時点での配置と密度(Chen et al., 2008a; Chen and Nakama, 2010)、「屋敷抱護」における樹種の構成および集落背後にある保全された自然林(Chen et al., 2008b)について調査を行った。前者の調査では、渡名喜島、備瀬、粟国島のいくつかの住居を取り囲む全てのフクギについて毎木調査を行った。渡名喜島と備瀬のフクギ林帯は、粟国島よりも密度が高く、規模は小さかった。(Chen and Nakama, 2010)。

歴史的な記録が限られているため、いつ、だれが風水集落をつくり、それがどのように発展して沖縄に広がっていったのかについては、まだ不明な点が多い。本章では、沖縄本島の備瀬と今泊、離島の渡名喜島、粟国島のいくつかの屋敷林を取り上げ、現存する巨木の分布・配置について論述する。集落内にある全てのフクギの巨木を計測することにより、自然条件や文化的要素が、フクギの分布と空間的な広がりに、どのように関連しているのかを把握することができる。

第2節　調査方法と調査地の概要

調査地において、住居の展開過程を把握するために、風水集落内部にあるフクギの古木の調査を行った。胸高直径(DBH：Diameter at Breast Height)が25cm以上になる全てのフクギと樹高を測定した。フクギの

樹齢については、平田式（胸高直径(cm) ÷ 2 × 8）に基づき推定した。調査時点では、フクギの樹齢を推定できるのは平田式のみである。しかしながら、この公式にはいくつかの制限がある。第1に、沖縄本島南部から採取した2つの切り株を基に、この公式が導かれたということ。第2に、年輪の幅に影響を与えるのは、それぞれの場所での気候条件や他の樹木との密度の違いの要素もある。したがって、本章においては、この公式により計算した樹齢はあくまでも概算であり、大まかな数値として参照されたい。実際の樹齢と推定した樹齢に誤差がある可能性があることから、本章での分析ではマイナス50年程度のスパンを考慮する必要がある。

　調査を行った全ての屋敷林のフクギは、推定樹齢に基づいて4グループ（250年以上；200～249年；150～199年；100～149年）に分類した。樹齢100年以上のフクギの分布を示すために、ゼンリンの住宅地図をベースとして地図を作成した。4グループのフクギは、家ごとに図示し、異なる色を用いて表した。

　備瀬、渡名喜島、粟国島、今帰仁村の今泊（図7-1）において、全てのフクギ巨木の計測を行った。備瀬と渡名喜島は1つの集落からなる。今泊はかつての今帰仁村と親泊村を併合してできた集落である。歴史的に何度か併合や分離を繰り返しているものの、主要道路で区切られているだけであることから、集落景観の観点からは、今泊は一つの集落とみなすことができる。粟国島には東、西、浜という3つの集落がある。東と西は隣接しており、1872年までは1つの集落だったことから（粟国村史、1984、P69）、これらも1つの集落景観としてみなすこととする。東と西はヤエ（アギとも呼ばれる。内陸という意味）と呼ばれており、浜（海岸沿いという意味）と対照をなしている。以上のことから調査地における巨木は、備瀬、渡名喜島、今泊、ヤエ（東と西）、浜のグループに分けた。ヤエとは古い呼び方ではあるが、本章ではデータ分析上の利便性の

ため、この呼び方を用いることとする。

　備瀬は、本部半島の先に突き出た弓型にそった形の地域で、西側が海に面している。総人口は502人、内、男性260人、女性242人で、世帯数は296戸である。(2018年11月末現在) 数年前に比べると、人口は増加傾向にある。その主な理由は、フクギ林に包まれた海浜環境に魅了されて、国内外からの移住者が増えていることによる。2008年8月に、備瀬でフクギ屋敷林の調査を行った。

　渡名喜島の住居は、島の南北にある高い丘の間にできた狭い砂質の平地上に集まっている。渡名喜村の2018年2月現在の人口は378人で男性208人、女性170人、世帯数は218戸である。2009年8月に、渡名喜島でフクギ屋敷林の調査を行った。

　今泊は今帰仁村の西の端に位置し北側が海に面している。この村は砂質の土壌で形成されている。かつて村落の東西には大きな港もあった。2018年4月現在の人口は891人で、男性456人、女性435人、世帯数は417戸である。2009年5月—10月に、今泊でフクギ屋敷林の調査を行った。

　粟国島はほぼ三角形の島で、面積は7.64 km^{2}である。琉球石灰岩（更新世に形成された珊瑚石灰岩）が島の中央から南端まで伸びて、台地を形成している。ヤエは島の中央に位置し、浜は海岸近くに位置している。粟国島の2018年2月現在の人口は707人で、男性387人、女性320人、世帯数は426戸である。2009年4月に、粟国島でフクギ屋敷林の調査を行った。

第3節　結果及び考察

1．フクギ巨木の分布

　粟国島における樹齢100年以上のフクギを測定した。巨木の本数は、ヤエが最も多く2500本、浜では最も少ない500本だった。(表7-1) ヤエにある樹齢100年以上のフクギは、他の3つの調査地よりも多く、浜の5倍

であった。樹齢100年以上のフクギが確認できたのは、ヤエで約333屋敷、浜で85屋敷であった。

　2003年3月時点での粟国村の統計データによると、住民登録された世帯数はヤエで302戸、人口は615人、浜で131戸、298人となっている。ヤエで調査した住居の数が登録された世帯数よりも多いのは、多くの住居が空家になっていたからである。フィールド調査によると、空家に近いフクギの方が、よく保全されている。これらの空家は、普段は利用されないが、冠婚葬祭で島外から帰省したときなどに利用される。空家には、所有者が引っ越して管理もされずに放棄された家も含まれる。空き家の多くは、家庭菜園として利用されている。それらの空き屋敷の周辺は、今でもフクギが残されている。一方、浜では茅葺きの古い家がコンクリート造住宅に建て替えられ、それに伴い多くのフクギの屋敷林が消滅した。

　渡名喜島や粟国島の浜よりも、本部町備瀬、今帰仁村今泊、粟国島ヤエなどには、樹齢200年を超す巨木が多い。（表7-1）樹齢200年以上のフ

表7-1. 調査地において残存するフクギの本数

	住居の敷地面積(m^2)[*1]	残存するフクギの本数					最大の木の推定樹齢	平均樹高(cm)
		総計	300年以上	250〜299年	200〜249年	150〜199年	100〜149年		
備瀬	191,143	1,075	1	17	89	360	609	300	994[*2]
渡名喜	134,723	964	0	2	9	111	842	268	842[*2]
今泊	263,378	1,293	0	15	85	307	886	294	900
ヤエ(東と西)	384,254	2,561	0	16	82	486	1,977	296	723
浜	137,602	541	0	3	6	65	467	281	713

*1住居の敷地面積は、ゼンリンの住宅地図に基づいて概算した。
*2備瀬と渡名喜の平均樹高は、2005年から2008年にかけて収集したデータである。

クギは、これら3地区では100本ほど残存しているが、渡名喜や浜では10本程度しか残っていない。

各調査区で最も古い木は、備瀬で300年、渡名喜島で268年、今泊で294年、ヤエで296年、浜で281年となっている。(表7-1) 沖縄本島北部の備瀬と今泊で見つかった最大のフクギは、周辺離島で見つかったものより大きかった。

フクギ巨木の高さの平均は、備瀬で994cm、渡名喜で842cm、今泊で900cm、ヤエで723cm、浜で713cmだった。(表7-1) 備瀬、今泊、ヤエのフクギが高いのは、フクギの価値観に関する違いが影響しているように見える。仲間と幸喜が行った備瀬の調査（2002）によると、調査対象となった住民の94%が、フクギ屋敷林を保全したいとの意向を示している。また70%の人々が、フクギは台風から家を守り、木陰を提供し、快適な景観の形成に貢献していると回答した。

風水師でもあった蔡温によれば、陰陽の調和を図るには、四方が囲まれていることが理想である。(Purves et al., 2009) 典型的なフクギ屋敷

表7-2. 敷地内におけるフクギ巨木の分布

	調査した住居軒数	DBH25cm以上のフクギの総数	東側[2]		西側		南側		北側	
			本数	%[3]	本数	%	本数	%	本数	%
備瀬[1]	99	1075								
渡名喜	165	918	276	30.1	157	17.1	174	19.0	311	33.9
今泊	155	1293	299	23.1	323	25.0	278	21.5	393	30.4
ヤエ(東と西)	333	2561	714	27.9	294	11.5	357	13.9	1148	44.8
浜	85	541	184	34.0	59	10.9	85	15.7	213	39.4

1) 備瀬は2008年8月に、研究室の学生の支援のもと、調査を行った。敷地の脇の立ち木については記録していない。
2) 住居の敷地内における配置によって、フクギを分類した。
3) 調査した集落内のフクギの方角ごとの本数の割合を示す。

林は、家屋が適切に守られるよう屋敷の4面に配置すべきという。しかし、現在、集落の中で、このような典型的な形態の屋敷林を見つけることは難しい。

現存するフクギ屋敷林の分布調査をしたところ、住宅の北側に最も巨木が多く、次に東、南の順になっていることが分かった。(表7-2) 西側には巨木が相対的に少ない。このような配置構造をとるのは、北からの季節風と東南からの台風の影響が大きな要因と考えられる。地域の人々が、敷地内の北と東の巨木を、あえて伐採せず残す理由はそこにある。

2．フクギ巨木と集落の配置

図7-2は樹齢ごとのフクギの分布を示したものである。樹齢100年以上のフクギは、備瀬、渡名喜、今泊、ヤエではよく見られるが、浜にはほとんどない。写真7-1は各調査で典型的なフクギ屋敷林を示したものである。フクギの高さ及び密度の管理によって違う風景が見られる。

図7-3～7を見ると、樹齢200年以上の古木は、アサギ、ハサギ、拝所といった集落の聖域・行政の中心地などの周辺に生えている傾向が読み取れる。ハサギは神アサギとも呼ばれ、神聖な場所に建つ小さな建物であり、儀式や礼拝を行うために守護神たちが集まる場所とされている。(仲松1977) かつて、ほとんどの神アサギは、4本の柱の上に低い茅葺き屋根がのせられた壁や床のない小さな建物だった。現在の神アサギはコンクリートやタイルの屋根に建て替えられている。アサギヤとは、備瀬の方言でアサギのことを意味している。

図7-3（備瀬集落）は、フクギ屋敷林の樹齢別分布を図示したものである。赤色、淡紅色、緑色、水色ごとに、樹齢の古さを順序づけている。

これによると、樹齢200年以上のフクギは、アサギヤ周辺の住居に集中して分布していることが分かる。アサギヤは備瀬の中央に位置し、その周辺を古い住居が取り囲んでいる。アサギヤの北側や南側に分布する

フクギは若く、樹齢150年以下のものが多い。これらの事実から、集落は拝所の周辺から成立し、その後、同心円状に拡大していったことが分かる。

　渡名喜島では、樹齢200年以上のフクギの古木は、島の東側にまとまって分布し、若い木は東側より西側に多く見られる。(図7-4) 集落内にある5つの拝所のうち、4つは東に位置している。このフクギの分布から、現在の住居エリアは、初めに東側で成立し始め、その後西側に広がっていった、と推定することができる。

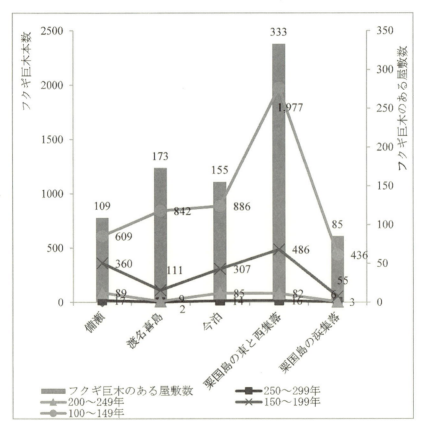

図7-2. 集落ごとのフクギ巨木の分布

(a):再築された伝統的木造住宅。フクギ屋敷林に囲まれている。（渡名喜島）
(b):白砂で覆われた集落内道路に沿って植えられたフクギ屋敷林。（渡名喜島）
(c):伸びた枝で緑のトンネル状になった古く狭い道路。（備瀬）
(d):空き家のそばの巨木(DBH64.3cm、樹高10m)。（粟国島）
(e):巨木の樹木ラインとサンゴ礁を用いた伝統的石垣。（粟国島）

写真7-1. 調査地におけるフクギの屋敷林

図7-3. フクギ巨木の分布（備瀬集落）　注：★印は村のアサギヤ。

図7-5には、今帰仁村今泊にある2つの神アサギが見える。(今帰仁村歴史文化センター、2007) これらの神アサギの周辺の住居には、他のエリアよりも樹齢200年を超えるフクギが多く分布している。この2つの神アサギをつなぐ約250mの幅の広い道は昔の馬場跡で、馬競争や村の綱引きの際に利用されていた。現在ではここで豊年祭が行われている。

　今泊集落は今帰仁村と親泊村が合併してできた村だと言われていて、その成立年代にはタイムラグがあるが、フクギ巨木の分布からみれば、ほぼ同じ時期にフクギの植栽が行われたことが分かる。

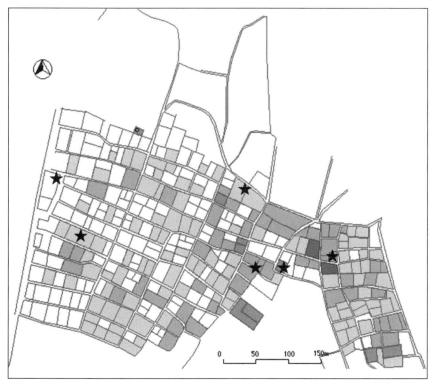

図7-4. フクギ巨木の分布（渡名喜島）　　　　注：★印は集落の拝所。

図7-6は粟国島のヤエ（現東と西）を図示したものである。この図で示した泊原は、西側の丘陵地帯から現在の平地に移った時の、最初の定住地だと考えられている。(粟国村史、1984、pp26) 泊原の正確な位置を指し示すことは困難であるが、地域住民からの聞き取り情報によって、その位置を円で示した。ウフヤー（大屋）とニーヤー（根屋）はその中に位置している。ウフヤーとは村の男神のことで、その住居は聖地とされる。沖縄本島やその周辺離島では、集落に最初に移り住んだ家族の住居はニーヤーとよばれ、集落における祭祀の中心地となっている。樹齢200年以上のフクギは泊原の周辺に固まって分布している。

図7-5. フクギ屋敷林の分布（今帰仁村今泊集落）

注：★ハサギンクヮー：今帰仁ムラの神アシャギ、
　　●ウプハサギ（親泊ムラの神アシャギ）。

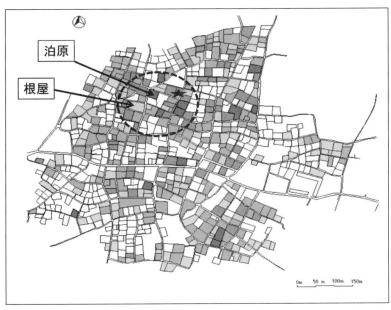

図7-6．フクギ屋敷林の分布（粟国島の東・西）　注：★印は神あしゃぎ．

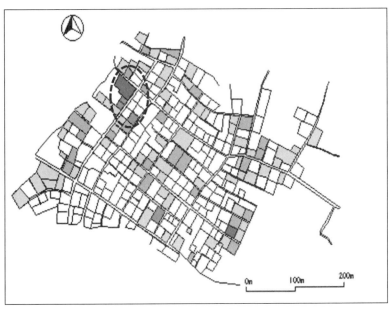

図7-7．フクギ屋敷林の分布（粟国島の浜）
　　　　　　　　　注：破線内の領域は浜ムラの最も古いところ．

島で最も大きいフクギは、浜集落背後の丘のふもとの古い住居周辺で見つかったが、他の調査地に比べるとかなり少ない。(図7-7)

前述のように、調査した集落の最も古いエリアは、樹齢200年以上のフクギの大木が分布する場所でもある。しかし、大木は集落の中心地以外でも点在する。特に、今泊(図7-5)と粟国島のヤエ(図7-6)では、集落のあちこちに樹齢200年以上の大木が分布している。樹齢300年以上のフクギは、備瀬でも見つかっている。(図7-3) 樹齢200年以上のフクギの大木から成る現在の集落景観や道路のレイアウトから、18世紀の30年代後半以降に集落の拡大とともに植栽された、と推定して大きな間違いはないであろう。

第4節　結　論

近世琉球の風水集落の景観は、フクギ屋敷林や整然とした道路のレイアウトで構成されている。フクギは沖縄本島やその周辺離島において、よく保全されているところもあるが、しかし、これらのフクギがいつ、どのようにして植えられるようになったかについては、歴史上、まだ不明な点が多い。フクギ屋敷林の形成過程を明らかにするために、本部町の備瀬、渡名喜島、今帰仁村の今泊、粟国島において、樹齢100年以上のフクギを悉皆調査した。

樹齢100年以上のフクギは、全ての調査地において広く分布していた。樹齢200年以上のフクギは、備瀬、今泊、粟国島のヤエの方が、渡名喜島や粟国島の浜よりも多く見られた。フクギの大木の高さの平均は、備瀬と今泊の方が、渡名喜や粟国島よりも高かった。これはフクギの定期的な剪定の影響にもよるが、地域住民による自然環境への対応の仕方の表れかもしれない。

沖縄の風水集落におけるフクギの古木の空間分布は、強風が第1の要

因と考えられる。潮風害を防ぐために海岸域の林帯を密にし、その分布は集落の形成と深くかかわっている。

　沖縄本島北部の神アシャギと周辺離島の拝所は、集落の歴史と深くかかわりがあり、その周辺からフクギ林が造成されている。樹齢200年以上のフクギの大木は、中心部の神アシャギあるいは拝所周辺にまとまって分布している。備瀬北側や渡名喜島の西側に分布するフクギは、神アシャギや拝所近くの中心部のフクギよりも若かった。当初、集落の中心地から植林され、次第に分家筋が出てくることで、同心円状に集落が発展し、それに伴いフクギ林の植栽も実施されていった、と推測できる。

　樹齢300年ほどの古木の系譜はよくわからないが、18世紀の30年代以前からフクギの植栽の端緒が開かれ、蔡温の三司官時代に、風水地理の考えに基づいて組織だって植林が推奨されていった、と考えている。

第8章　沖縄の風水集落の景観要素
　　　　―多良間島を事例にして―

第1節　序　論

　東アジアの多くの地域、特に中国、韓国(Yoon 2006)、香港、台湾では、都市計画や集落設立のガイドブックとして、風水理論が古くから用いられてきた。風水は、自然と人との調和という古来の哲学を示したものであり、風水から派生したデザインの理念は、持続可能な景観建築のための有効な指南書となりうる(Chen and Wu, 2009)。風水は、都市や街、集落の文化的景観の形成に貢献するとともに(Choi 1991; Whang 1991, as cited in Hong 2007)、家屋などの向きや地形に関してしっかりとした理論を備えたエコビレッジ計画の立案にも役立てることができる。(Whang and Lee 2006)

　伝統的集落内の森は、強風からの集落や畑地の保護、洪水の影響の緩和、ノンポイント汚染(汚染源が特定できない環境汚染)の減少、野生動物の生息域の提供と連結といった環境保全的な機能があることから、多くの興味・関心を惹きつけてきた。(Lee 2003; Lee et al., 2007 as cited in Koh et al. 2010)

　Kohら(2010)は、韓国の伝統的集落にある「裨補林」が、山谷風の速度を30%減少させることを報告している。

　琉球諸島の伝統的な集落にある「抱護」と呼ばれる森林帯は、文字通り"抱いて守る"ことを意味し、理想的な風水景観の配置を示すものだった。ひとつの集落全体、あるいはいくつかの隣接する集落を取り囲むように植林された森林帯は、「村抱護」・「間切抱護」と呼ばれた。このような森林帯は、少なくとも18世紀の30年代以降、村落共同体によって造成・維持管理されていた。こうして保全された森林帯で、主林木(リュウキュ

ウマツ・フクギ・テリハボクなど）の下層域に自然植生が発達し、小さなエコシステムを形成していることが分かってきた。(Chen et al., 2008a) このような森林帯は、明治の土地所有区分以降、村の共有地となり保安林などに指定されていった。しかしながら、これらの森林帯の一部は、戦後、都市や集落の拡大に伴い破壊され、道路や公共施設に変化している。

　沖縄の伝統的集落の研究の中には、人文地理学の観点からの古典的な研究(仲松 1977)や、建築学的観点から捉えた包括的な研究(坂本 1989)、近年では住居を取り囲む屋敷林の研究(Chen et al. 2008b; 安藤 et al. 2010)などがある。以前から、風水の集落景観における概念的な意義について指摘している研究(Yoon 2006; Chen et al. 2008a)はあるが、環境論的な視点から沖縄の伝統的集落の景観を包括的に理解しようとする研究は、数少ない。近年の景観エコロジーの調査事例を見ても、その環境論のもつ社会的意義づけについては、ほとんど研究されていないとAntrop は結論付けている。(Antrop 2007)

　本章では、琉球諸島における小規模な島の環境条件下で、どのように集落景観が形成されてきたか、その特徴について考察する。文化的な視点に立って、地域の気候や地形を考慮しながら、島の集落景観の構成要素を取り上げる。残存するフクギ樹木の配置に焦点を当て、集落景観を包括的に捉えていく。

第2節　調査地と調査方法

　フィールド調査の対象地として、多良間島を選択した。その大きな理由は、琉球王朝時代に造成された「村抱護」の形が、ほぼ原形を保つように残されているからである。

　集落は仲筋と塩川の2つの字から成り、島の北部の低い丘の麓に偏在している。(写真8-1) 農地は主に集落を囲む「村抱護」の外側に向かって

広がっている。

　多良間島の海岸域には主にアダンとモクマオウ林が卓越し、集落・御嶽には人工植栽のフクギ林が優占する。集落北側の森林域には人工植栽のテリハボクをはじめ、通常、石灰岩域に出現する自然林などが出現する。

　多良間村の集落は南北を走る道路によって、仲筋と塩川の2つの地区に分かれているが、これらの景観構成をフクギの分布から包括的に見ることにした。それと同時に集落内の聖域である御嶽のフクギ巨木の計測も実施した。島の北側の丘陵地の景観要素や植林された「村抱護」、住居、古い井戸（湧き水）、集落の道路を地図化するために、多良間村が発行した1/10,000の地形図を用いた。景観ユニットの配置を描くためにHOCADを用いた。天然林や人工林は、現在の土地利用を参照しながら地形図に描き込んだ。井戸は、かつて農業用水や飲料水として用いられたが、水道水が用いられるようになってから放棄されている。井戸の場所については、多良間村が発行した村史(1973)に基づいて地形図に描き込んだ。

　琉球諸島の集落において、景観を形成している樹木の中で、圧倒的多数を占めるのはフクギである。DBH（胸高直径）が25cm以上の全てのフクギの計測を行った。樹齢については、平田(2006)による公式[DBH (cm)÷2×8]を用いて算出した。

　多良間島の屋敷林や聖地、「村抱護」に残存するフクギの古木を抽出し、それらの直径・樹高などを毎木調査した。調査は2010年2月27日～3月4日の間に行った。屋敷林で調査した全てのフクギを、樹齢によって250年以下、200～250年、150～199年、100～149年の4つのグループに分類した。樹齢100年以上のフクギの配置を示すために、地形図を用いた。調査した4つのグループの樹木は、家屋ごとに地図化し、異なる色で表した。山、集落、森、道路、井戸といった景観要素は、HO-CADを用いて地図化した。集落内の残存する林帯の分布や配置を視覚的に示すために、屋敷林のレイアウトを記録し、ベースマップ上で再現した。

写真8-1. 多良間島の空中写真

注：北側の森林の中に御嶽・墓地が配置され、それに抱かれて集落が形成されている。
　　集落の西・南・東側を「村抱護」が囲む。「村抱護」の外側に農地が広がる。
　　下の写真は島の北部にあたる。

　　　　　　　　　　　　出典：上：Google Earth Pro.
　　　　　　　　　　　　　　　下：国土地理院の空中写真（2008年11月14日）

第3節　調査結果

1．景観要素と地形環境

　多良間島の集落背後の山は、一般に沖縄ではクサティムイ（腰当森）と呼ばれる。この森林の中に、いくつかの御嶽（聖地）や古い墓がある。集落の北側に森林が屏風の役割をし、南側に林帯の「抱護」が集落を取り囲み、耕地は集落の南側に広がって、生活環境を保全する配置構造になっている。(写真8-1)

　多良間島の集落が、いつ頃、現在の場所に移動したかは明白でないが、その構造から近世集落の形成期に系譜を持つ特徴を有している、と見られる。村内の一部の屋敷では、琉球石灰岩による屋敷囲みや、その内側にフクギの屋敷林が形成され、近世村落形成の特徴が読み取れる。(写真8-2) しかしながら、戦後、これらの景観はコンクリート住宅建築の普及に伴い改変され、歴史景観を今に伝える屋敷は数少なくなった。

写真8-2．多良間島における伝統的なフクギ屋敷林と石灰岩の石積み（塩川）

2. 集落内の蛇行道路

　伝統的な集落を俯瞰すると、その配置構造が整然としているように見える。しかし、集落内の道路を歩いてみると、30m以上先を見通すことは困難である。つまり、集落内の道路網が直線ではなく、また交差点も直角に交差していないのである。村内の道路は、南北・東西に分けられる。南北の道路がどの程度真北からずれているのか、また東西の道路がどの程度真東からずれているのかについて、計測を行ってみた。その際、多良間村が発行した1:10,000の地形図をベースに、HOCADを用いて計測した。

　12本の南北道路と17本の東西道路を地図に示した。（図8-1）　南北道路

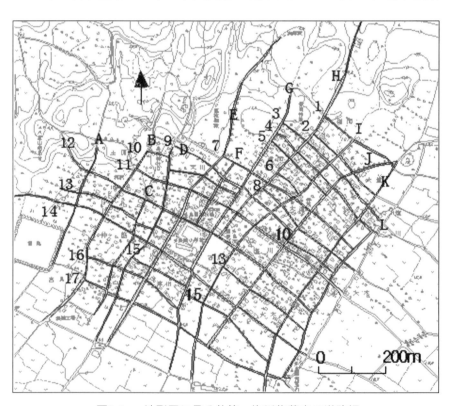

図8-1.　地形図に見る仲筋・塩川集落内の道路網

はAからLの文字で、東西道路は1から17の数字で示してある。曲がりくねった道路は、風水の影響と見られる。曲線道路のため南北道路と東西道路の交点の角度がずれている。表8-1によれば、ほとんどの南北道路は磁北から20°〜40°北東にずれ、また東西道路のほとんどが20°〜50°東から南東にずれていることが分かる。

3．聖地と井戸

聖地は沖縄の文化的景観として重要なものである。土着信仰の場である御嶽は、風水の考えが中国から導入された14世紀末より存在していた。沖縄における集落景観構成を論ずる際に、御嶽の存在は無視できない。

多良間島の聖なる空間域の御嶽には、人工のフクギ林が見られる。11箇所の聖地において683本のフクギを計測した。(表8-2) そのうち9つの聖地は集落の内部や近隣、多良間島の外周に位置しており、あと1つは水納島に位置している。塩川御嶽では342本のフクギが確認できた。普天間御嶽とピトゥマタ御願ではフクギが最も少なく、それぞれ2本と3本だった。(表8-2)

塩川御嶽に続く参道は約650mの長さで、その両サイドにフクギ並木が林立している。この参道沿いに222本のフクギがある。そのうちの16本は樹齢200年以上であった。塩川御嶽周辺に多数のフクギ(写真8-1)が植えられているのは、塩川集落の最も重要な聖地であることと関係している。

多良間島ではほとんどの泉は集落の内部あるいは周辺沿いに位置している。(図8-2) これらの泉の水は、1960年代まで人々の生活や農業用水として利用されていたが、水道施設の普及に伴い、現在ではかつての命の水への感謝を込めて、集落祭祀の信仰の場に変わっている。

表8-1 村落内道路の磁北および磁東からのずれ

	A		B		C		D		E		F	
	北	東	北	東	北	東	北	東	北	東	北	東
1	-	-	-	-	-	-	-	-	-	-	-	-
2	-	-	-	-	-	-	-	-	-	-	-	-
3	-	-	-	-	-	-	-	-	-	-	-	-
4	-	-	-	-	-	-	-	-	-	-	-	-
5	-	-	-	-	-	-	-	-	-	-	-	-
6	-	-	-	-	-	-	-	-	-	-	-	-
7	-	-	-	-	-	-	-	-	19.3	27.7	-	30
8	-	-	-	-	-	-	-	-	-	-	-	-
9	-	-	-	-	-	-	33	24.5	-	45.2	37.9	27.6
10	-	-	-	10.2	-	-	-0.7	8.7	45.1	32.6	44.3	23.3
11	-	-	34.6	30	-	-	3.3	16	44.5	26	29	27.2
12	30.2	21	35.6	22.7	-	25.1	9	24.4	21.3	26.1	30.7	23.8
13	15.4	6.5	54.3	19.3	23.1	20.2	26.3	28.6	28.1	-	-	-
14	17.3	9.6	28.8	30.1	24.6	30.5	26.1	28.1	31.2	35.1	-	-
15	-	-	-	-	-	-	47.3	34.5	28.6	27.9	22.4	28.3
16	-	-	1.5	17.4	35.8	20.1	33.2	20.8	29.3	38.3	21.3	-
17	-	-	7.5	21.4	12.2	24.5	15.5	17.3	28.8	26.6	-	-

G		H		I		J		K		L	
北	東	北	東	北	東	北	東	北	東	北	東
-	-	29.6	40.3	-	29.5	82.9	69.1	34.3	43.7	-	-
-	-	29	43.2	46.2	60	71.3	48.6	33.5	-	-	-
29.2	39.5	39.7	43.8	46.2	45	62	51.5	35.5	50	-	-
31.3	23.6	42	43.7	47.1	47.4	39.8	40.6	35.9	42.7	-	35.8
33	45.3	42.5	45.2	39.3	47.5	43.1	-	-	-	-	-
-	-	43	37.4	52.7	-	-	-	-	-	-	-
32.7	32.6	40.2	25.6	61.7	38	42.2	41.3	44	45.6	44.5	-
-	-	46.4	38	57.8	54.7	37.8	41.7	33.3	40	33.6	39.6
32.2	47.7	51.7	40	57.4	44.9	39.6	45.8	-	-	-	-
30.6	-	-	-	-	-	40	28.1	33.8	43.8	34.8	-
32.5	30	40.7	35.8	54.6	35.9	37.9	30.8	33.8	41.7	27.5	41.8
35.8	32.5	52.3	34.7	38.3	35.1	35.5	50.4	36.6	44.6	35.7	-
-	-	-	-	32.1	41.1	36.6	31.8	31	43.2	18	-
28.4	39.8	-	-	29.2	36	36.9	36.2	29.8	37.2	24.3	30.1
-	-	-	-	27.1	23.3	27.1	50.5	13.6	-	-	-
-	-	-	-	-	-	-	-	-	-	-	-
-3.8	36.5	-	-	21.3	34.6	37.3	37.2	23.6	16.2	30.7	-

写真8-1. 塩川御嶽の参道と拝殿
注：左は塩川御嶽に続く650mのフクギ並木。右は鳥居から拝殿に至る。

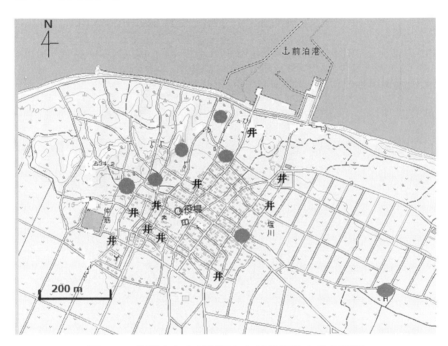

図8-2. 集落内および周辺における聖地と泉の配置
注：　●印は御嶽などの聖地。「井」印は鍾乳洞などの湧泉。

4．景観計画と樹木の役割

　森林帯は、特に、多良間島では、集落景観における最も重要な要素の1つである。調査結果によれば、多良間島にはおよそ15,000本以上のフクギがある、と推定できる。屋敷や御嶽などに生えている胸高直径が25cm以上のフクギは、約3,800本あった。それらの樹木を計測した結果、樹高の変動値は、7.5mから15.5mだった。(表8-2) 屋敷内で残存する100年以上のフクギの本数は、仲筋で1,592本、塩川で1,089本だった。(表8-3) 集落内のフクギの巨木は合計63本であった。その中の最大樹齢は推定で235年であった。その内、樹齢200年以上のフクギが4本見つかった。

　塩川御嶽で最も大きいフクギは、推定で311年（平田式による）であった。集落の西・南・東を囲む「村抱護」の主林木はフクギであるが、その中で樹齢が最大のものは、推定で297年であった。運城御嶽の最大フクギの樹齢は272年、嶺間御嶽のそれは266年であった。塩川と仲筋の屋敷林内の最大樹齢のフクギは、257年と262年であった。(表8-3)

　集落内における100年以上のフクギの樹齢別分布を示したのが、図8-3である。およそ半分の屋敷に、樹齢100年以上のフクギが残存している。住居の東側と西側には、大木はほとんどなかった。仲筋には、樹齢200年以上の木が、塩川よりも多く残されている。全体的にみて、集落の北側と西側のフクギは、南側や東側に比べると大きい。とくに仲筋の空き屋敷に多くのフクギ林が残されている。

　各屋敷内の残存するフクギ林を住宅地図上に描いてみた。(図8-4) 屋敷の北側や東側にフクギの林帯が残される傾向が読み取れる。冬の北風や東南の強い台風への対応であろう。

表8-2　聖地のフクギ

御嶽等の聖地	木の総数	樹高(m)	DBH(cm) 平均	DBH(cm) 最大	推定樹齢(年) 平均	推定樹齢(年) 最大
多良間神社	55	13.5	33.0	47.5	132.0	190.0
運城御嶽[a]	75	11.3	36.7	68.0	146.8	272.0
泊御嶽	64	11.5	30.7	53.0	122.8	212.0
嶺間御嶽	15	10.2	35.6	66.5	142.4	266.0
ウプメーカ	11	7.7	37.7	67.0	150.8	268.0
普天間御嶽	2	12.6	31.0	30.4	124.0	121.6
ピトゥマタ御願[b]	3	10.1	65.0	57.0	260.0	228.0
テラヤマ御願	55	12.1	62.5	33.3	250.0	133.2
ンタバル御願	37	15.5	53.2	35.7	212.8	142.8
塩川御嶽	342	9.5	35.0	77.7	140.0	310.8
水納御嶽	24	7.5	37.5	58.9	150.0	235.6
合計	683	10.2	34.8	77.7	139.2	310.8

注：1. 沖縄では、御嶽も御願も守護神のための聖地を表す。御願とは、一般的な聖地を示す。
2. 胸高直径が25cm以上のフクギを対象とした調査データである。

表8-3　多良間島及び沖縄本島・周辺離島における残存フクギの本数

集落	残存するフクギの本数 合計	300年以上	250-299年	200-249年	150-199年	100-149年	最大木の推定樹齢	樹高平均(cm)	最大木の樹高(cm)	調査対象住居数
沖縄本島備瀬	1,075	1	17	89	360	609	300	994		99
沖縄本島今泊	964	0	2	9	111	842	268	842		155
渡名喜島	1,293	0	15	85	307	886	294	900		165
粟国島ヤエ（西・東）	2,561	0	16	82	486	1,977	296	723	1,300	333
粟国島浜	500	0	3	6	55	436	281	713	1,308	85
多良間島塩川	1,089	0	1	8	157	923	257	1,010	1,610	124
多良間島仲筋集落	1,529	0	1	17	240	1,334	262	1,030		160
多良間島村抱護	458	0	1	14	107	336	297	1,031	1,170	

注：備瀬と渡名喜島における樹高は、2005年から2009年にかけての調査に基づく。

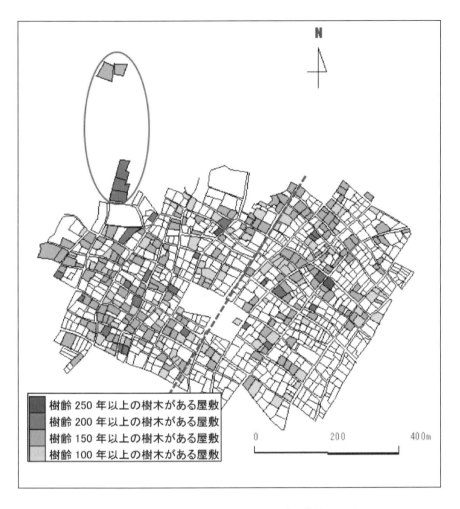

図8-3. 仲筋・塩川集落内のフクギ屋敷林の分布

注:ベースマップとして多良間村の6千分の1土地利用図を使用した。破線の右側に塩川、左側に仲筋が位置する。地図の左上に円で示した場所は、仲筋集落の発祥地であり、現在地に移動する前に位置していた場所である。

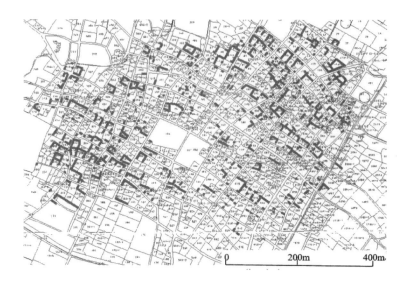

図8-4. 調査時点での各屋敷内のフクギ林帯の分布

注： ■印は各屋敷における残存フクギ林帯を示す。

5.「村抱護」

　多良間島における林帯の「村抱護」は、長さ約1,800m、幅12mで、村落の西・南・東側を囲むように造成されている。「村抱護」の幅はかつて16mほどあったが、4mほど削られて道路に変わっている。

　「村抱護」の上層木の約80％はフクギである。フクギに次いで多いのはテリハボクである。下層植生には40種以上の植物が出現し、自然更新が可能な植生構造を形成している。

　写真8-2は石垣島の平得と真栄里、図8-5は石垣島の四箇（西側から新川・石垣・大川・登野城）の「村抱護」を図示したものである。石垣島の「村抱護」の土地は、現在、道路や公共施設などに転用されている。これらの「村抱護」の林帯を地図上から計測すると、幅は約13m、長さは2kmから4kmとなる。石垣島の「村抱護」の林帯はいずれもリュウキュウマツである。

写真8-2. 1945年に米軍が撮影した空中写真（韓国済州大学所蔵）
注：平得集落（上）と真栄里集落（下）を、リュウキュウマツの「村抱護」が丸く取り囲んでいる。現在では消滅している。

図8-5. 登野城、大川、石垣、新川の4集落を囲む半円型のマツの林帯
注：この図は1912年当時の土地利用を再現したものであり、林帯は現存しない（中部大学山元准教授提供）。

第4節 考　察

1．地域の気象環境に適応した景観

　琉球列島において、住居が1ヵ所にまとまって形成された計画集落の景観は、「村抱護」の林帯によって守られてきた。屋敷林で縁取られた網目状の道路により、集落全体はいくつかの住居から成るブロックに分けられ、それをさらに林帯による「抱護」が囲む。「村抱護」は集落と耕地を区分する境界線でもあった。これら「村抱護」の琉球における一般的形態は、多良間島でも同じであった。琉球列島では、冬の季節風や夏場の南東方向からの台風によって、家屋や耕作地に甚大な被害をもたらす。これらの自然災害を緩和するのが「諸抱護」の役割であった。

2．集落道路の構造

　風水の考えによれば、気の流れから道路は直線ではなく曲線が好まれる。多良間島では集落内の道路は蛇行しているが、この形態は他の地域でも同じである。

　渡名喜島では、夏や冬の強風を緩和するため、蛇行道路が計画されたと報告している。(武者、1988) 南北方向の道路は、真東に対して4°から32°の幅でずれがある。東西方向の道路は、東に対して2°から30°の幅でずれがある。(武者、1988)

　『北木山風水日記』には、蛇行道路に関する理論的説明が記されている。風水師の鄭良佐は、1863年から1864年にかけて八重山諸島の47集落の風水見分を行い、風水の観点から蛇行道路の意味を強調している。風水では集落の方角・道路・植林の要素が重視される。(椿・他 2003) 風水日記では、23集落の配置や形態が述べられている。蛇行道路は福を呼ぶ形とみなされる。蛇行道路は直接的には、風の流れを貯え緩和するための対処策でもあった。

3．緑の回廊

沖縄の聖域である御嶽は、一般に自然植生や人工林で覆われている。聖域での人工林の多くはフクギである。とくに多良間島の場合、屋敷林や御嶽林の中でフクギの占める割合が高い。

屋敷林や「村抱護」のフクギを主林木とした景観は、生物の生息にとっても"緑の回廊"の意味を持つ。沖縄の御嶽林の多様な植物相の果たす役割について、生物多様性の面から再評価することもできるだろう。(Mgumia and Oba 2003)

4．フクギ景観の形成

集落の歴史景観については、残されたフクギの古木や歴史文書などを突き合わせることで、その創設の経緯が推論できる。

多良間島の「村抱護」は、1742年、当時、宮古島の頭職を務めていた白川氏恵通によって造成された、と伝えられている（仲間 2003）。

『琉球国由来記』(1713)・『雍正旧記』(1727)などには、すでに多良間島の塩川御嶽の由来が記載されていることから、すでにこのころには御嶽の形は整っていたと見られる。塩川御嶽が創設された当初の景観は不明だが、ある時期からフクギの植林が始まる。植栽されているフクギの年代から、「村抱護」が造成された1742年以降に、その多くが植林されていることが推定できる。

多良間島の現在の集落の古島は、仲筋の北側、塩川御嶽の周辺などに群がって成立していたことが分かっている。それがある時期を境に、現在の整然と区割りされた集落に居住するようになる。この集落の移動と同時にフクギ屋敷林も造成されているが、その造成年代は、残された屋敷林内のフクギの巨木の樹齢から、1740年代の初期以降であると推定できる。

第5節　結　論

　風水の考えは、琉球王国に導入されて以来、とくに18世紀の30年代以降、碁盤型の計画村落に適応されてきた。その際、集落に周辺にあった御嶽は、その景観形成の要素の1つに取り組まれていった。つまりこのことは、集落周辺の自然景観や文化景観の各要素が、ブレンドされて形成されていることを意味する。この風水によって作られた景観は、自然との調和による生活環境の安定ともいえる。この風水景観は、ただ単に景観だけではなく、自然災害を軽減する機能も果たしていた。

　琉球王国内における風水を応用した集落の形成は、その時期や手法ともに、基本はほぼ同じと見ていい。ただ、自然環境の違いによって、その形成の密度の強弱が違うだけである。筆者らが調べた調査結果からも、このことは実証できる。(陳、仲間　2011)

　風水で用いられる樹種は、中国・韓国の象徴木と違って、琉球の場合、自然災害(防潮・防風)を意識して、より機能的な樹種(フクギ・リュウキュウマツ・イスノキ・アダン)などが環境(屋敷・御嶽・海浜)ごとに活用されている。そしてこれらの樹種は防災林の機能だけではなく、利用の面(たとえば、建築材・生活用具・染料など)をも考慮して植栽されていることが、中国・韓国の事例と大きく違う点である。

第9章　フクギ屋敷林の分布
　　　　—渡名喜島を事例として—

第1節　序　論

　沖縄では、防風・防潮を兼ねて、昔から屋敷や集落を取り囲むように、フクギなどが植えられている。この独特な景観は、東アジアでは見られないもので、その淵源は琉球王朝時代に遡り、現在でも、いくつかの地域には良い状態で保全されている。中国から導入された風水は、沖縄では国都・墓地・集落形成などに生かされてきた。その大きな特徴は、海浜から集落・畑地を保全するために植林の手法で作り出した景観にある。

　沖縄県は多数の小さな島々で構成されている。その島々は冬の季節風と夏場の台風によって、大きな影響を受ける。これらの気象環境を緩和するのが、海浜のアダン林・マツ林・フクギの屋敷林などである。戦後の開発で、その景観の多くが消滅しているが、屋敷林については、現在でも沖縄本島北部の備瀬地区や渡名喜島などに、よい状態で残されている。渡名喜島は、各屋敷の60%がフクギ林によって囲まれている。(坂本、1989)

　仲松(1977/1963)、町田・都築(1993;)、新城(1993)らは、18世紀の30年代中期以降に、風水師のアドバイスを受けて、近世村落が形成されたことを論じている。その中で屋敷林の育成は、風水集落形成にとって、重要な要素であることが強調されている。(都築1997)

　渡名喜島では、住居と風の方角の調査研究 (坂本1989、朴、1997)から、涼しい夏の風を取り込み、冷たい冬の風を避けるために南向きに住宅が形成されていることが分かってきた。

　武者、他(1988)によって報告された渡名喜島における道路の交差点については、次のように要約できる。集落は、東部、西部、南部の3つの

パートに分けられる。東部では南北道路が真北から北西に向けて4度から32度ずれている。東西道路は東から東北東に向けて2度から23度ずれている。西部と南部では南北道路が真北から北東に向けて9度から29度ずれている。西部では東西道路が東から東南東に向けて3度から25度ずれている。南部では東西道路が東から東南東に向けて12度から30度ずれている。集落内の道路を曲線にすることで、吹き込んでくる強風を分散させ、ダメージを軽減させる構造になっている。

　本章では、渡名喜島における典型的な住宅を抽出し、その配置と屋敷林の構造について論じることにする。

第2節　調査地と調査方法

　渡名喜島は、北緯26°22'、東経127°8'で、那覇の北西58kmに位置している。もともとは2つの島だったが、その間に砂が堆積し、1つの島になった。島の面積は3.74km²である。島の南北に海抜200mほどの2つの丘がある。全ての住居は、東の沿岸から西の港にかけての2つの島の間に堆積した砂地に形成されている。

　渡名喜村は人口378人（男性207人、女性171人）、世帯数220の小さな行政村である。(2018年、村統計資料) かつてはカツオ漁が主要な産業であったが、現在は沿岸漁業に変わっている。モチキビが換金用の農産物の中心をなし、他の生産された野菜は、ほとんど自給用である。

　空中写真（写真9-1）によれば、東西・南北方向に道路が交差し、その平地の中央部に住居が立地している。フクギの林が各屋敷を取り囲み、沖縄独特の集落景観を形成している。

　調査したデータに基づきCAD (HO CAD Version 261) を使って、立木の配置・分布・相対的なサイズなどを描いてみた。

　典型的な屋敷を抽出し、樹高1m以上のフクギに番号を付け、高さとD

写真9-1. 渡名喜村の空中写真

出典：Google Earth Pro.（2011年9月6日撮影）。

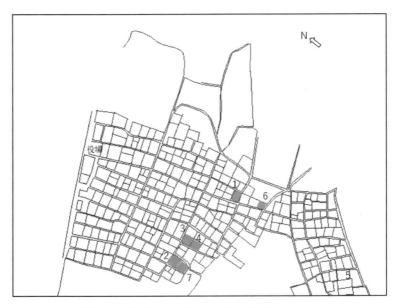

図9-1. 調査地に選定した7軒の住居の位置

BH（胸高直径）を計測した。再生状況を調べるため、フクギの根元の新芽や実生の苗の本数をチェックした。

　抽出した住宅の住居番号は1877、1952、1943、1944-1、1816、1837、1953である。これに1から7の番号をつけた。(図9-1)

　ほとんどの住居が道路よりも約70cm低い位置に建てられている。これは台風の被害から住居を守るために、茅葺建築時代の名残とも言われている。掘り出した砂は屋敷の内側に石垣で囲まれた塀の中に積み上げ、後年、そこにフクギを植えている。以前はほとんどの屋敷の塀はサンゴ石灰岩で積み上げられていたが、ハブ除けに、現在ではブロック塀に変わった。

　現在の集落はまず島の東側から形成され、人口の増加とともに西側に広がっている。西側の住居は新しく、伝統的な木造住宅の代わりにコンクリート造の住宅が多く見られる。住居周辺に生えているフクギ林も、集落の西側の方が東側よりも若く数も少ない。

写真9-1．フクギ屋敷林で囲まれた新築の赤瓦の木造住宅

写真9-2．渡名喜村内の集落景観
注：白砂で覆われた集落内道路とフクギ屋敷林。石垣の塀はブロック建てに変わっている。

第3節　屋敷林の配置

　空中写真（写真9-1）を見ると、集落を取り囲む林帯は、外側の方が内側よりも厚みがあることがわかる。特に、北側の開けた平地に隣接する部分や、東側の海岸に面した部分は厚みがある。このような林帯のレイアウトは、冬の冷たい北風と、台風シーズンの破壊的な東からの風の防御と深く関連している、と見られる。

　沖縄の気候は、冬の強く冷たい乾燥した北東からの風と、夏の湿潤で冷涼な南西からの風の典型的なモンスーン気候で特徴づけられる。6月から11月終わりまでは、"台風シーズン"として知られている。台風時の西からの風は弱いが、とくに東南東からの風は強力である。

　図9-2に見るように、集落の北側の林帯は複層になっているが、他の3辺は単層で薄くなっている。図9-3は東の海岸沿いに位置する住居を

示している。東側の屋敷林帯はとても厚く、その他のサイドはそれより薄くなっている。これらは明らかに、冬の季節風と夏場の台風に対応したフクギ林の配置と見ることができる。

　住居の実際のレイアウトとその方角を示すために、HO-CADを用いて各調査住宅の地図を描いてみた。(図9-2、図9-3、図9-4、図9-5、図9-6) 各屋敷に生えている高さ1m以上の全てのフクギの場所とDBHのサイズを計測し、スケッチマップにプロットした。調査では典型的なパターンを考慮して7つの屋敷を選んだ。中には2軒(図9-3、図9-4)あるいは複数の屋敷が1つのユニットを形成している場合がある。その際には、敷地の1辺から3辺を隣接する敷地と共有して、そこの境界線に樹木のラインが形成されている。敷地の南側は道路に向かって開かれているのが普通である。もともとは敷地の全ての辺に、ある程度の密度で樹木が植林されていたが、隣地と共有する部分の樹木だけは、伐採されている場合もある。

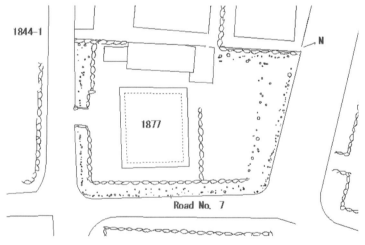

図9-2. 調査番号1(1877)におけるフクギのレイアウト

注：縮尺1:300。分布点はフクギを表しており、そのサイズはそれぞれのDBHのサイズに基づいている。

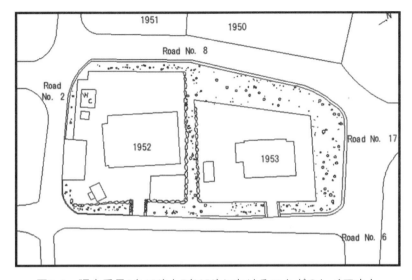

図9-3. 調査番号2(1952)と7(1953)におけるフクギのレイアウト

注:縮尺1:400。

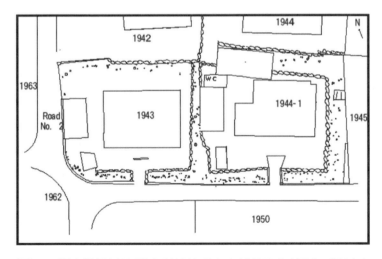

図9-4. 調査番号3(1943)と4(1944-1)におけるフクギのレイアウト

注:縮尺1:400。

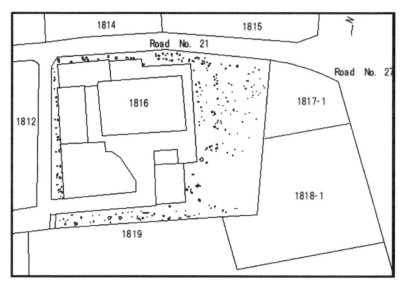

図9-5. 調査番号5(1816)におけるフクギのレイアウト
注：縮尺1:400。

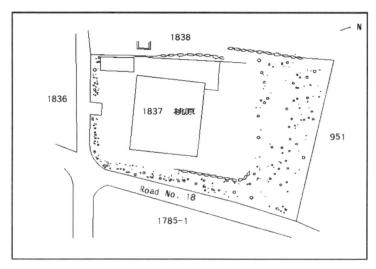

図9-6. 調査番号6(1837)におけるフクギのレイアウト
注：縮尺1:300。

屋敷の西側の樹木のラインがわずかな長さで残されていたり（例えば、No. 1=1877、図9-2）、あるいは完全に失われているのもある。（例えば、No. 3=1943、図9-4）これは屋敷の西側に井戸や風呂場・トイレなどを設置するライフスタイルの変化によるものだろう。

前述した「北側の樹木ラインは、その他の辺よりもずっと厚みがある」という基本的な屋敷林のレイアウトパターンの他に、No. 5=1816（図9-5）のように例外的なケースもある。それは「東側の林帯は特に厚く、台風シーズンの東からの強風から住居を守る役目を果たしている」との理由からと考えられる。

屋敷林の分布には多様性がある一方、住居の向きに関しては、ほとんどの住居（103戸のうち96戸）の正面は南、背後は北に面しており、これはよい風水のための理想的な方角と一致している。（坂本 1989）調査した7戸の住居は全て南を向いているが、敷地への入り口は南向きとは限らない。石垣のレイアウトや周辺の道路の配置に関係があるためである。例えば、No.5（図9-5）は西側に入り口があるが、住居の前にはオープンスペースがあり、南からの光や風を取り込めるようになっている。つまり、屋敷の配置にかかわらず、住居は常に正面を南に、背後を北に向けているということである。そして北側のはずれと東側の集落の境にあるフクギ屋敷林は、より厚みがあるように形成されている。

このような住居の向きや屋敷林の構造を持ったレイアウトは、沖縄の自然環境（冬の季節風や夏場の台風の災害）に対応した風水の影響を受けて形成された、と推察することができよう。

第4節　屋敷林の特徴

表9-1は、渡名喜島のフクギ屋敷林の高さとDBHを示したものである。調査事例の戸数は7戸で、その住居の合計フクギの本数は1,676本であっ

た。屋敷林の高さの平均値は346cmから464cm（最大値の平均；682～1372cm）、DBHの平均値は8cmから11.5cm（最大値の平均；26～45cm）となっている。調査した樹木の推定樹齢の平均値は、32年から46年（最大値の平均；104～179年）となっている。高さとDBHの度数を図9-9と図9-10に示した。

渡名喜島は交通が不便で気候も厳しいことから、沖縄本島に移住した住民も多い。そのためいくつかの住居は放棄され、屋敷林の手入れもされなくなっている。新築のコンクリート造住宅で屋敷林が伐採されるのは、珍しいことではない。その多くの理由は、老人にとって落葉や腐った実の掃除が負担になるからである。したがって、今後、これらの景観を保存するために、どうすればいいのか、難しい問題が存在しているのである。

フクギ屋敷林の適切な管理法を理解するために、それぞれの調査区域でデータを収集し、管理の行き届いた林帯と放棄された林帯の2つのタイプに分けてみた。手入れの行き届いた林帯の所有者は、快適な居住環境が得られるように、フクギの適切な密度管理を行っていた。一方、過去何年にもわたって所有者が住んでいない住居では、樹木の間引きや剪定が行われず、放棄された状態であった。住居番号の1、2、3、4、は前者に、住居番号の5、6、7は後者のタイプに分類される。住居番号6と7は、完全に放棄されている。住居番号5の屋敷林は約40年前に植林されたといわれている。そのためフクギ林が比較的若く、とくに屋敷林の東側は、ほとんど小さな樹木で占められていた。現在では放棄された状態にある。

管理が良好な屋敷林と放棄された屋敷林の違いを比較するために、樹高1m以上の樹木の高さとDBHの頻度分布曲線（図9-11、9-12）を作成してみた。

表9-2は樹高の平均値と標準偏差を示したものである。それぞれサン

プル全体では399.1cm、234.6cm、管理良好な屋敷林では432.6cm、193.7cm、放棄された屋敷林では376.4cm、256.7cmとなっている。3つのグループの平均値と標準偏差は、それぞれ9.6cmと8.2cm、10.6cmと7.3cm、8.9cmと8.7cmとなっている。図9-11を見ると、管理良好な屋敷林の高さはほとんどが2mから7mである。放棄された屋敷林では2m前後がかなり多いということが分かる。また、全データの高さの頻度分布には、ふたつのピークがある。これは管理良好な屋敷林のピークが3mと5.5mあたりにあることによるものである。

　以上のことから、管理良好な屋敷林の所有者は、樹林帯を2重になるように育成していることが分かる。はじめに植えた木がある程度の高さに生長すると、いくつかの木は建築材をはじめ様々な用途に利用するために伐採されている。同時に、若木や新芽は林帯の下部を形成させるために育成されている。放棄された屋敷の大部分の木は2m前後である。このことは選択的な伐採や清掃が行われていない場所に小さな樹木が繁茂し、その生長した実生苗が林帯の下部を形成していることを示している。

表9-1. フクギ屋敷林のデータ

	敷地面積(m3)	樹高(cm)		DBH (cm)		推定樹齢(year)	
		平均	最大値	平均	最大値	平均	最大値
No. 1	440.3	464.2	934	10.6	43.4	42.5	173.5
No. 2	481.1	419.5	1170	11.5	39.3	45.8	157.2
No. 3	407.8	396.2	821	10.1	39.8	40.5	159.2
No. 4	497.3	438.1	682	10.1	26.1	40.3	104.4
No. 5	722.6	347.6	1024	8	44.6	31.8	178.4
No. 6	610.4	437	1232	10.6	43.2	42.5	172.8
No. 7	523.4	346.4	1372	8.4	44.8	33.4	179.2
Average	526.1	407	−	9.9		39.6	

注：フクギの樹齢（年）= DBH (cm) ÷ 2 × 8（平田 2006）。

図9-12はDBHの頻度分布を示している。管理良好な屋敷林では10cm前後、放棄された屋敷林では5cm前後に集中している。DBHが15cmより大きくなると、管理良好な屋敷林でも放棄された屋敷林でも頻度はあまり変わらなくなる。選択的な伐採や定期的な清掃が行われてきた管理良好な屋敷林では、樹木はある程度の大きさに生長し、多くはDBHが10cmに達している。一方、放棄された屋敷では低い木が密集しており、長期間にわたって手入れがされなかったことから、林帯はほぼ自然な状態に戻っている。

図9-13は樹高1m以上の 樹木の樹高とDBHの相関関係を示したものである。両者の間には強い相関が見られる。

調査対象とした各住居について、樹高1m以上の樹木の総数と、石垣の内側の砂地となった林帯の面積を測定した。林帯における樹木の密度は、住居番号1から7においてそれぞれ1㎡あたり1.9、1.8、1.5、1.3、1.2、1.2、1.5本となった。(図9-14) 前述したように、No.1から4は管理良好な屋敷、No.5から7は放棄された屋敷と確認できる。放棄された屋敷の林帯における立木の密度は、管理良好な屋敷よりも比較的低いことが分かった。これは石垣が部分的に壊れ、砂地の林帯が広がったことや、放棄された屋敷の地面から樹木が芽を出したことに原因がある。No.1とNo.2では、樹木は砂地の林帯の内側に整然と並んでいることから、林帯の幅は比較的狭く、敷地にもゆとりがある。しかし住居番号No.3とNo.4

表9-2. 管理屋敷林と放棄屋敷林の比較

	総計 (cm)	管理良好な屋敷林 (cm)	放棄された屋敷林 (cm)
樹高平均値	399.1	432.6	376.4
樹高標準偏差	234.6	193.7	256.7
DBH 平均値	9.9	10.6	8.9
DBH 標準偏差	8.2	7.3	8.7

の密度はそれぞれ1.5と1.3と特に低く、これは屋敷林の共有が関係していると考えられる。No.3は背後と西に隣地と共有の屋敷林があり、西の林帯は非常に短い。No.4では南以外の3面のフクギ林帯を隣地と共有している。フクギ林帯を共有している場合、採光や通風を確保するために樹木の密度は比較的低くなる。

写真9-3. 調査番号1（1877）の北側にある整然と並んだフクギ屋敷林

写真9-4. 放棄された調査番号7(1953)のフクギ屋敷林

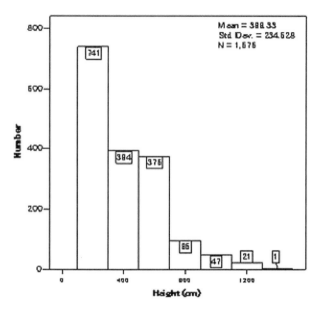

図9-9. フクギ屋敷林の樹高の頻度分布図

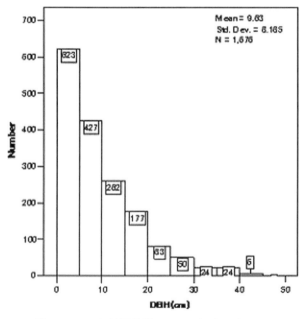

図9-10. フクギ屋敷林のDBHの頻度分布図

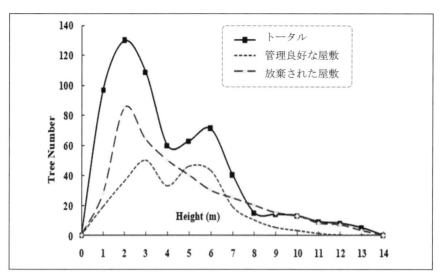

図9-11. フクギ屋敷林の樹高の頻度分布曲線

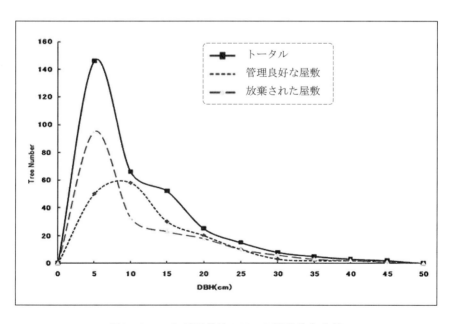

図9-12. フクギ屋敷林のDBHの頻度分布曲線

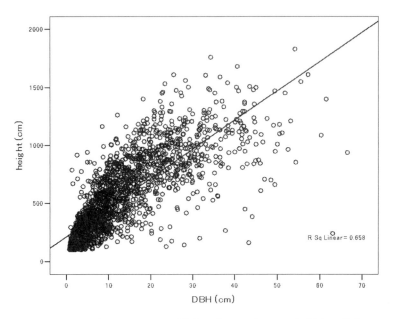

図9-13. 調査した1m以上の樹高の全ての木のDBHと樹高の散布図

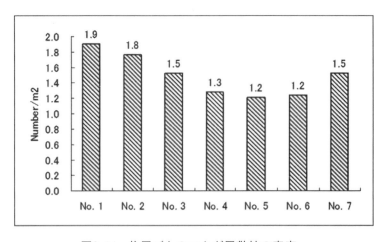

図9-14. 住居ごとのフクギ屋敷林の密度

第5節　フクギ屋敷林の再生力

　屋敷林の再生管理について理解するために、根茎あるいは切り株から生える新芽と樹高1m以下の苗木の記録を行った。新芽と苗木の数を比較するために、新芽と苗木の発生の比率を計算した。

　ここでは管理良好な屋敷および放棄された屋敷それぞれについて、新芽と苗木の総数を数え、その比率を図9-15に示した。それによると苗木の比率は、放棄された屋敷では0.7、管理良好な屋敷では0.3と、放棄された屋敷の方がかなり高いということが分かる。管理良好な屋敷では、落ち葉や実を取り除くために定期的に屋敷林の清掃が行われ、屋敷林下部の通風を確保するために低い苗木は撤去されてきた。一方、放棄された屋敷にはかなりの数の苗木が放置されている。これらに加え、前述したように、放棄された屋敷林では1～2m程度の低い木が圧倒的多数を占めていることから、放棄された屋敷林では、管理が行われていないために林帯の下部に厚みが出てくる。

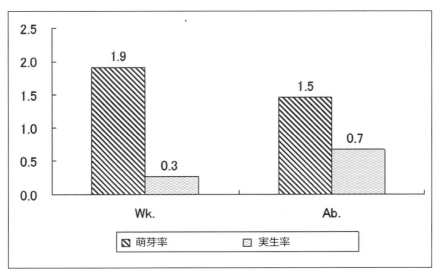

図9-15．1m以上のフクギの総本数に対する新芽および苗木の比率

表9-3. フクギ屋敷林の密度と再生力

	本数 [1]	密度 [2]	新芽 [3]の本数	苗木 [4]の本数
No. 1	224	3.3	1034	52
No. 2	180	3	867	27
No. 3	149	3.1	69	59
No. 4	130	3	49	14
No. 5	405	3.1	216	39
No. 6	324	3.2	253	360
No. 7	264	2.8	176	280
合計	1676	3.1	2664	831

注：1は 1m以上のフクギの本数、2はフクギの本数÷樹木ラインの長さ、3は根茎あるいは切り株から生える新芽、4は樹高1m以下の苗木を表す。

写真9-5. フクギの萌芽

注：建材用に伐採された木の切り株から生えた新芽は、切らずに残されている。

一方、新芽の比率が管理良好な屋敷で1.9、放棄された屋敷で1.5と（図9-25）、管理良好な屋敷の方が高いが、その差はあまり大きくはない。新芽については、切り株から生えたものと、1m以上の立木の根茎から生えたものの2つのタイプに分けられる。前者は再生に強く関連しているが、後者は再生と関連づけることは困難である。管理良好な屋敷における新芽の比率が高いのは、建材にするために成長した木が伐採され、その切り株から多くの新芽が生えてくることによる。管理良好な屋敷は、樹木の管理と利用のバランスが保たれているといえる。

写真9-6. フクギの実生苗
注：落下した種から自然に生える。

第6節　結　論

　フクギ屋敷林に囲まれた住居は、ほとんどが南向きになっている。島の北側と東側の境界線の林帯は、集落内の林帯よりも厚みがある。これは冬の北からの冷たい強風や台風シーズンの破壊的な東からの風の存在と強く関連している。渡名喜島ではほとんどが、2つあるいはそれ以上の隣接する屋敷が道路で区切られ、ひとつの住居ユニットを形成している。したがって通常、隣接する住居では、南側を除いた1列から3列のフクギ屋敷林を共有している。

　フクギ屋敷林の高さの平均値と標準偏差は、管理良好な屋敷ではそれぞれ432.6cmと193.7cm、放棄された屋敷では376.4cmと256.7cmとなっている。DBHの平均値と標準偏差は、管理良好な屋敷ではそれぞれ10.6cmと7.3cm、放棄された屋敷では8.9cmと8.7cmとなっている。管理良好な屋敷における木の高さの頻度分布は、3mと5.5mでピークがあり、2階層の構造になっている。一方、放棄された屋敷では、2m程度の高さの木が圧倒的多数を占める。

　DBHの頻度分布は、管理良好な屋敷では10cm、放棄された屋敷では5cmがピークになっている。この違いは、管理良好な屋敷において林帯が生長すると、いくつかの用途のために選択的な伐採が行われ、林帯の下部を形成させるために苗木が育成されることと関連する。放棄された屋敷の林帯では、過去何十年にもわたって剪定や清掃が行われていない。

　調査により林帯における木の密度は、管理良好の屋敷の方が放棄された屋敷よりも高いことが分かった。管理良好な屋敷では、砂地状の林帯の中で整然と並んで木が生えており、林帯の幅は比較的狭い。そのため敷地にはゆとりがある。放棄された屋敷では、木の密度は比較的低い。これは住居の放棄に伴い石垣が崩れ、林帯が拡大したことによるものである。

苗木の比率は、放棄された屋敷の方が管理良好な屋敷よりも高く、新芽の比率はその逆になっている。これは管理良好な屋敷の林帯では、定期的に熟して落ちた実や、必要でない苗木が取り除かれているためである。一方、放棄された屋敷では、長期間にわたって手入れされることがなく、林帯はほぼ自然な状態に戻っている、と考えられる。

第10章　フクギ屋敷林の分布
　　　　―本部町備瀬区を事例として―

第1節　序　論

　沖縄諸島における伝統的集落に関する近年の研究は、建築学の視点から行われているものが多い。仲間と幸喜（2002）は、備瀬集落においてフクギの屋敷林に関する住民の意識調査を行った。しかしながら、家々の配置やフクギの屋敷林に関する調査は、ほとんど行われていない。沖縄本島北部に位置する備瀬集落は、フクギ屋敷林の最も典型的な事例の1つである。備瀬集落の約70％の家々はフクギの屋敷林に囲まれているが（坂本、1989）、1970年にはその数値は80％だった。本章では、典型的な近世計画村落の形態を示す備瀬集落のフクギ屋敷林について、その配置、直径、密度などの構造を明らかにする。

　備瀬集落（図10-1）は、沖縄本島の北部、正確には北緯26°42'、東経127°53'に位置している。本部半島から弓状に突き出しており、西側は海に面している。（写真10-1）南西から北西にかけて長い海岸線が伸び、その面積は約1.46km^{2}となっている。

　集落の総人口は502人で、世帯数は296戸である。（2018年11月末現在）主要な産業は観光と農漁業である。とくにフクギ林の集落ツアーが人気を呼んで、訪れる観光客が増えつつある。

　備瀬集落内の道路は、東西と南北の方向に網目状に区切られている。各家々は、道路で区切られたユニットの中に建てられ、その周辺をフクギ林が囲んでいる。（図10-2）ほとんどの家の正面は南側に向き、通常、家の南側はオープンスペースになっている。記録によれば、家を建てる際にまず砂質土が掘り起こされ、敷地の周りに積み上げられていった。その砂質土をせき止めるために石垣が設置され、そこにフクギが植えら

れた。この石垣で囲まれた砂質土のフェンスは、フクギを植えるのに適していると言われている。そのため多くの住宅が道よりも50cmほど低い位置に建設されている。

多くの屋敷林が第二次世界大戦中及びその後の混乱期に失われてしまった。近年ではコンクリート住宅の出現で、防潮・防風林への意識が薄らぎ、数百年も経ったフクギ林が簡単に切られるようになった。村の若者が減り、古老たちが増えるにつれ、フクギのメイテナンスが難しくなり、安易にフクギの巨木が切られるようになっている。

集落内の家々の配置について見ると、網目状の道路の内側に、1〜4つに区分けされた屋敷に、それぞれの家屋が建てられている。各ユニットの配置から、家屋の組み合わせを4つのタイプに分類した。屋敷林の構成を明確にするために、1m以上の高さの全ての木に番号をつけ、DBH（胸高直径）と樹高を測定し記録した。また、屋敷林を構成する全ての木の位置も測定した。そしてこれらの収集したデータからHO-CADを用いて実際の木の配置を再現した。木のサイズは、DBHで測定した直径をもとに、異なるサイズの円で表した。5ヵ所の3タイプのユニット（図10-2）について調査を行い、合計1,763本のフクギを確認した。

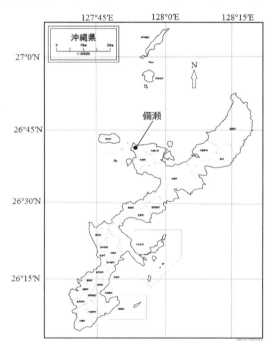

図10-1. 備瀬の位置

写真10-1. 備瀬の空中写真　　　　出典：Google earth pro.　（2015年4月1日撮影）

写真10-2. フクギで囲まれた備瀬集落の遠景

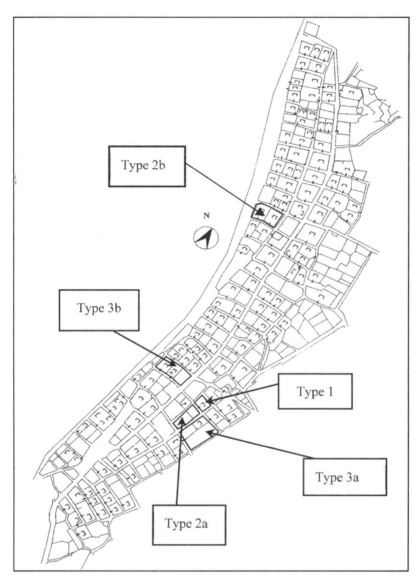

図10-2. 調査地の位置

注：Type 1は 456番地、Type 2aは空き地、Type 2bは2つとも565番地、
　　Type 3aは 437番地・453番地で空き地、Type 3bは458番・459番地・460番地。
　　　　　出典：原図は『沖縄の集落景観』（坂本磐雄，1989）．より。

写真10-3. 村落内の整然と並んだフクギ並木

写真10-4. 住居の入り口から見たフクギ屋敷林の眺め

第2節　タイプ別屋敷林の配置

　網目状の道路とフクギの屋敷林は、備瀬集落の特徴的な景観である。このような網目状の計画村落は、仲松（1977）によれば、1737年以降の新設集落に見られるという。

　備瀬集落内における屋敷林の厚みは、場所によって異なっている。多くの屋敷林は整然とした単層のラインだが、集落北側や沿岸近くでは、二重かそれ以上のラインとなっている。これは北側や沿岸に近い場所だと、集落内よりも強い季節風や潮害にさらされるためだと考えられる。

　フクギの配置を明らかにするために、道で囲まれたブロックとその中に建つ家を含めて、1つの住宅ユニットと捉えることにする。ほとんどの住宅ユニットは四角あるいは不等辺四辺形になっている。網目状の道路に囲まれたそれぞれのブロックは、大きさにかなりの違いが見られる。多くの場合、住宅ユニットは1つから4つのパーツから成ることから、

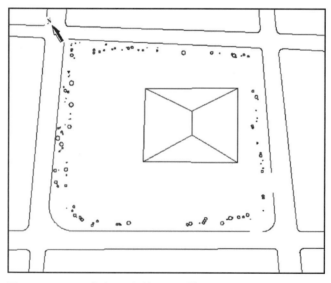

図10-3．1タイプ（456番地）の屋敷におけるフクギ林の分布

注：Scale=1:400

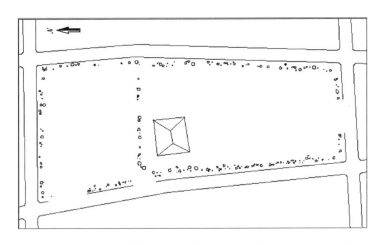

図10-4. 2aタイプ（空き地）の屋敷におけるフクギ林の分布

注：Scale=1:400

　パーツの数により４つのタイプに分類した。タイプ１（図10-3）は１つ、タイプ２（図10-4、10-5）は２つ、タイプ３（図10-6、10-7）は３つ、タイプ４は４つのパーツを含んでいる。パーツの数え方は、フクギのラインでいくつに区切られているか、あるいは何棟の家が建っているかにより判断した。

　分家が発生すると本家の近くに新築することがあるが、敷地を分断するために木が植えられることはなかった。図10-4のタイプ2aでは、南側の敷地が北側よりもかなり大きくなっている。タイプ１、２、３は、備瀬でよく見られるケースとなっている。例えばタイプ３aは、過去にいくつに区切られていたかに関わらず、現存する木のラインにより３つに区切られるとしてカウントした。タイプ４に関しては事例がまれであるため、タイプ１、２、３に関してのみ調査を行った。３つ以上に区切られたブロックは、集落の端に見られるだけであることから、もともと１つのブロックを3つのブロックに分け、新たな家がブロック内に建てられていったと考えられる。

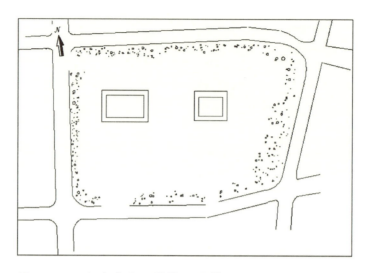

図10-5. 2bタイプ（565番地）の屋敷におけるフクギの分布

注：Scale=1:400

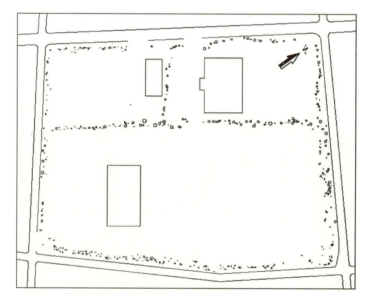

図10-6. 3aタイプ（437番地、453番地＆空き地）の屋敷における
　　　　フクギの分布

注：Scale=1:400

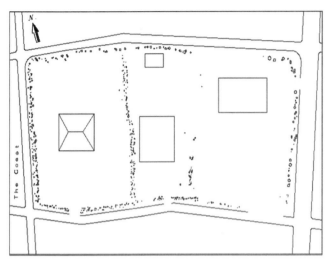

図10-7. 3bタイプ(458番地、459番地&460番地)の屋敷に
おけるフクギの分布

注：Scale=1:400

第3節　タイプ別屋敷林の分析

　表10-1と10-2は、5つの住宅ユニットにおける調査結果を示したものである。それぞれの住宅ユニットのサイズが違うため、フクギの総数にかなりのばらつきがあることが、表10-1からわかる。調査対象の住宅ユニットの中で、面積が最も小さいのはタイプ1の518.8m^2で、大きいのはタイプ3aの2094.6 m^2である。タイプ1、2a、2b、3a、3bにおけるフクギの総数は、それぞれ137本、300本、519本、547本、779本である。

　各タイプ別のフクギの樹高、胸高直径(DBH)を整理すると、表10-1のとおりである。タイプ1、2a、2b、3a、3bに関し、それぞれ木の高さの平均は626.7cm、560.8cm、454cm、587cm、432.9cm、高さの最大値は1470cm、1830cm、1605cm、1760cm、1280cm、DBHの平均は16.5cm、14.7cm、9.8cm、14cm、8.9cm、DBHの最大値は53.1cm、55.5cm、

63cm、66.5cm、60.3cmとなっている。これらの数値は、タイプ1、2a、3aに関してはあまり大きな差はない。しかし、樹齢の推定値に関しては、タイプ2bと3bが比較的若いことが分かる。タイプ1、2a、3aは、集落の中央部、すなわち集落が最初に設立された場所に位置し、タイプ2b、3bは沿岸に近い集落の東側、すなわち後年になって設立された場所に位置している。

フクギのサイズは1つの住宅ユニット内で異なっているだけでなく、住宅のユニット間でも異なっている。その理由は集落の形成と深く関係していると考えられる。つまり、フクギのサイズの大きい場所ほど集落発生のコアー（端緒）とみることができる。その後、人口増加に伴い、集落はコアゾーンから外側に拡大していったといえよう。フクギの樹齢分布はそのことを物語っている。

表10-1. タイプ別のフクギ屋敷林表1

	総本数	樹高 (cm)		DBH (cm)		推測樹齢(年)	
		平均	最大	平均	最大	平均	最大
Type 1	137	626.7	1470	16.5	53.1	66	212
Type 2a	300	560.8	1830	14.7	55.5	59	222
Type 2b	519	454.1	1605	9.8	63	39	252
Type 3a	547	587	1760	14	66.5	56	266
Type 3b	779	432.9	1280	8.9	60.3	36	241
合計	2282	503.1	1830	11.5	66.5	46	266

表10-2. フクギ屋敷林の分布密度

	屋敷面積[1]	屋敷林周辺長さ(m)[2]	フクギ本数	密度[4]	萌芽の本数	実生の本数	切り株の本数	切り株萌芽本数
Type 1	518.8	87	137	1.6	195	17	1	6
Type 2a	855.3	127.5	263	2.1	345	88	18	123
Type 2b	1387	144.5	519	3.6	1133	157	70	686
Type 3a	2094.6	177.2	392	2.2	260	169	25	163
Type 3b	1465.9	154.7	551	3.6	415	213	34	74
Total	—	546.4	1343	2.7	—	—	—	—

注：[1] 調査した各住居の敷地面積。 [2] 各住居の敷地外周。 [3] 樹高1m以上のフクギの本数。
[4] 密度＝フクギの本数÷敷地外周(m)。

第4節　フクギ林の密度と再生力

　表10-2では、林帯の中のフクギの数と密度が示されている。タイプ1、2a、2b、3a、3bの1m²当たりのフクギの数は、それぞれ1.6、2.1、3.6、2.2、3.6本で、各タイプの平均は2.7本となっている。集落東側に位置するタイプ2bと3bにおける密度は、平均の1.5倍となっている。これは沿岸沿いで、木が比較的若く、木のラインに厚みがあるためである。東側の木のラインの幅に厚みがあるのは、台風や潮害への対処と考えられる。

　図10-8と図10-9は、フクギ屋敷林の高さとDBHの分布を示したものである。高さの頻度分布の傾向は、DBHのそれと大きな違いはない。大多数のフクギは、高さが9m以下で、DBHは15cm以下となっている。図10-8によると、高さの分布は1-3mでピークとなっている。図10-9によると、DBHは0-5cmでピークとなっている。すなわち、屋敷林については、ほとんどの木の高さが9m以下で、林内は相当数の幼木で占められている。

　タイプ1におけるフクギの高さとDBHの分布カーブはなだらかで、これは分布がほぼ平準化されていることを意味している。タイプ1は集落の中央に位置し、その周辺のフクギが台風や冬の季節風からタイプ1の家を守っていると考えられる。また、林帯の適切なメンテナンスによって、低木の本数調整が行われている。

　一方、タイプ2b、3a、3bの頻度分布に関しては、高さは1-3m、DBHは0-5mでピークに達しており、低木層が多いことを示している。これらの3軒の家々の配置は、この頻度分布のよい事例である。図10-6に示したように、タイプ3aの北東側は集落の境界に位置しており、強く冷涼な北風にさらされている。厚みのあるフクギの林帯は、特に集落北東側で見られた。すでに述べたように、タイプ2bと3bの東側は海に面しており、何層にも重なる林帯は、強い台風から家々を守るための対処策と考えられる。

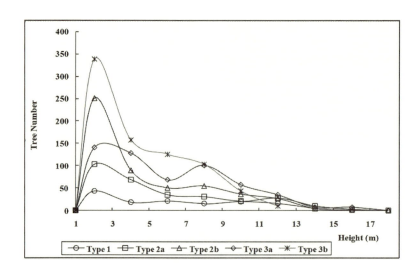

図10-8. フクギ屋敷林の樹高の頻度分布曲線

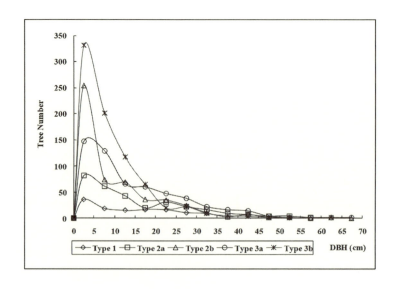

図10-9. フクギ屋敷林のDBHの頻度分布曲線

図10-9と図10-10が示すように、タイプ2aの頻度分布の曲線は、タイプ1よりもなだらかではない。しかし、高さ3m以下でDBHが5cm以下の低い木に関しては、タイプ2b、3a、3bほど多くを占めていない。タイプ2aは集落の中央部に位置しており、周辺の林帯によって守られている。しかし、ほとんど放置された状態で低木層が増加しているが、それでも所有者がたまに手入れしていることで、タイプ3aや3bよりもよい状態が保たれている。

　図10-10は、高さ1m（R=0.658)以上の木について、高さとDBHの相関関係を示している。それによれば低木層が非常に多いことがわかる。両者の相関関係はあまり強くないが、これは過去に伐採されことによるものと考えられる。

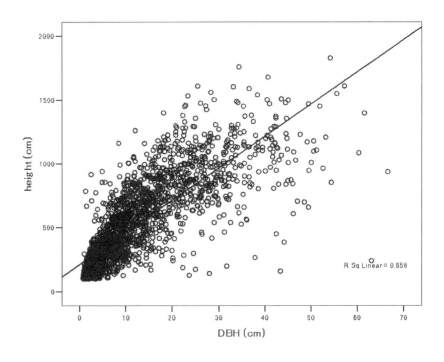

図10-10．樹高1m以上の木のDBHと樹高を対応させた散布図

新芽と実生苗の数もそれぞれ数えてみた（表10-2）。第9章で述べた通り、新芽とは切り株や高さ1m以上の木の根茎から伸びた芽のことである。切り株と根茎からの新芽は別々に分類した。1m以下の低木は実生苗として数えた。

実生苗の数は、タイプ2a、2b、3a、3bのフクギ屋敷林で、それぞれ88、157、169、213であった。しかし、タイプ1では17と少なかった。タイプ1には居住者がおり、ほぼ毎日地面の清掃が行われている。このような頻繁な清掃が実生苗の増殖を抑制する要因と考えられる。

タイプ2a、2b、3a、3bには、家がないか、空き家か、賃貸されているか、などのどちらかである。所有者の訪問が年に数回程度であるため、ほとんど清掃が行われていない。切り株の数は、タイプ1、2a、2b、3a、3bで、それぞれ1、18、70、25、34であった。

切り株からの新芽は、4つの屋敷で、それぞれ6、123、686、163、74であった。タイプ2a、2b、3aにおける切り株の数が概して大きい。タイプ2と3aでは成熟した木が伐採されたと推測される。一方、タイプ3bでは切り株が小さく、林帯の生育段階において選択的伐採が行われていたと考えられる。

第5節　樹齢の特徴

各調査屋敷林の樹齢を推定した結果は、以下のようになっていた。タイプ1、2a、2b、3a、3bの樹齢の平均値は66、59、39、56、36で、それぞれの最高樹齢は212、222、252、266、241であった。このような樹齢のバラつきは、過去の伐採利用やメンテナンスによる影響と考えられる。

第6節　結　論

　備瀬の集落は、網目状の道路と密閉したフクギの屋敷林で特徴づけられる。各屋敷はフクギの林帯に囲まれ、住居は南向きに開いている。このような計画集落は、18世紀中期以降、風水地理を応用して王府が進めてきた集落形成のモデルとみることができる。

　集落内のほとんどのフクギ屋敷林は、単層の林帯となっているのに対し、海岸沿いは複層あるいはそれ以上の広い林帯になっている。これは明らかに潮害や季節風から家屋を守るための配置と見られる。

　各屋敷の配置は4つのタイプに分類される。備瀬ではタイプ2とタイプ3が多く、タイプ4はまれであった。3つ以上に区切られたブロックは、集落の端に見られるだけである。分家などの出現で、もともと1つのブロックを数ブロックに分け、新たな家が隣接して建てられるようになった、と考えられる。

　各屋敷におけるフクギ林の総数は、137本から779本と幅がある。これは、各ユニットのサイズが異なるからである。タイプ1、2a、2b、3a、3bの林帯1m当たりのフクギの数は、それぞれ1.6、2.1、3.6、2.2、3.6であった。調査地全ての平均値は2.7となっている。

　調査した木のDBHは、1cmから66.5cmまでの幅があり、平均値は11.5cmであった。タイプ1、2a、2b、3a、3bでは、それぞれのDBHの平均は16.5cm, 14.7cm, 9.8cm, 14cm, 8.9cm、DBHの最大値は53.1cm、55.5cm、63cm、66.5cm、60.3cmであった。最大のDBHは66.5cmで、樹齢266年と推定された。タイプ1、2a、2b、3a、3bの樹齢の平均値は、それぞれ66、59、39、56、36年であった。樹高1m以上のフクギのサイズは非常に多様である。フクギ林帯の中には1m以下の新芽が多かった。また切り株もよく見られた。このことは住民が定期的に剪定や伐採利用を行ってきたことを物語るものである。

集落内で老木が集中している場所は、神屋敷などのある集落中央のエリアである。ここからフクギの植栽が始まり、人口の増加とともに、家屋は海岸に近いエリアに拡大していった、と考えられる。

　戦前や戦後の一時期までは、集落内の屋敷林の手入れについては、青年会などが定期的に剪定を行っていた。また、子供たちが登校前に道を清掃する習慣もあった。現在では、年に2回、婦人会が集落内の道路の清掃を行っている。戦後、集落外への移住や高齢化に伴い、以前のような共同体的管理システムは難しくなってきている。空き屋敷内のフクギ林は屋敷の所有者の管理に任されているが、実際にはほとんど放置された状態で、そのメンテナンスを今後どうするか、高齢者の屋敷林の維持管理を含めて、その対処策が求められている。

第11章　フクギ屋敷林の分布
―粟国島を事例として―

第1節　序　論

　これまで沖縄本島北部の備瀬・名護市稲嶺・多良間島・渡名喜島などのフクギ屋敷林について論じてきた。いずれも風水の影響を受けながら、その地域の自然環境に適応するように、そのノウハウや技術的手法が展開されていることを見てきた。

　本章では、粟国島のフクギ屋敷林を取り上げる。この島のフクギ屋敷林の構造を調べることで、他の地域との共通項・特徴などを浮き彫りにしたいからである。

第2節　調査地の概要

　粟国島は那覇の北西57km、北緯26°34'、東経127°13'に位置し、全周12kmの小さな島である。(図11-1)　沖縄本島の那覇から北西に約60km離れている。総面積は7.65km^{2}で三角形に近い形をしている。(写真11-1)

　更新世期に隆起した琉球石灰岩が、主に島の中央や南の端に広がり、台地を形成している。表土は主に島尻マージ(赤土あるいは琉球石灰岩土壌、中性から弱酸性)で、一部、国頭マージ(赤や黄色の土壌、或いは他の種類の土石、強酸性)もある。それらの土壌にサトウキビとイモなどが広く栽培されている。

　集落は島の中央(東・西)と海岸近くの浜集落から成る。2018年8月現在の推計人口は718人、人口密度は約94人/km^{2}である。戦前・戦後にかけて、多くの島民が仕事を求めて那覇に移り住んだため、人口の高齢化が進んでいる。

島の考古学調査（1984）によると、狩猟・採集生活の時代には、海へのアクセス性のよい海岸近くの高い台地に人々は住んでいた。その後、低地の平野へ移り住み、農地を開墾し始めたのは、ほんの数百年前のことであるという。(写真11-2)

第3節　調査方法

調査地として、最も良好に屋敷林が保全されている場所を含む4ヵ所を選定した(図11-2)。この4調査地には、家屋の四方にフクギが揃って残され、モデル屋敷林として適当と判断したからである。調査は2007年12月25−28日の間に実施した。

まず樹高1m以上の全ての木に番号をふり、次にDBH（胸高直径）と樹高を測定した。これらのデータからフクギの樹齢を推定した。樹齢の推定は、平田(2006)の公式[DBH(cm)÷2×8]を用いて算定した。木の再生

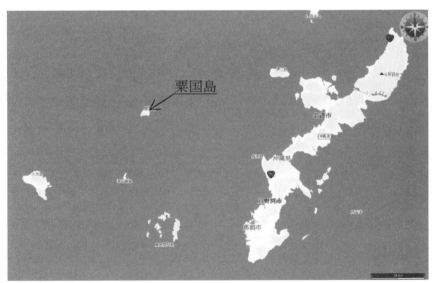

図11-1. 粟国島の位置　　　　出典：ゼンリン電子地図。

写真11-1. 粟国島の空中写真　　　出典：Google Earth Pro. (2015年4月撮影)。

写真11-2. 粟国島の西側の高地から見た集落のパノラマ風景

注：集落内の住居を囲んでいる緑の木は、ほとんどがフクギである。村木はフクギ。

力を把握するために、新芽と若木の数も調べた。新芽は根茎と切り株から生えているものを数えた。1m以下の若い木は、幼木として数えた。同時に伐採された伐根跡も数えた。

各屋敷内のフクギの位置を記録し、それをHO-CADを用いて分布図を作成した。それぞれの木は、そのDBHのサイズに対応した大きさの円で表した。

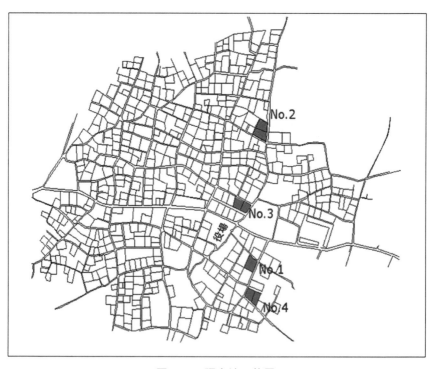

図11-2. 調査地の位置

注：No. 1は566番地、No.2は250番地・251番地、 No. 3 は空地、No. 4は空屋。

第4節　結果及び考察

1．フクギ屋敷林の配置

　4調査屋敷で合計564本のフクギが確認できた。図11-3-1を見ると、粟国島のフクギ屋敷林は、ほぼ単層のラインでレイアウトされていることが分かる。全ての家屋は南南西に面し、その前面には広いオープンスペースがある。

　樹木ラインは集落の境界線でより厚くなっている。とりわけ海岸沿い、あるいは北側でその傾向が強い。一般的に、集落中心部では、通常、樹木ラインは単層となっている。しかし、渡名喜島や備瀬集落の境界線では、数本の樹木ラインが見られる。一方、粟国島では、集落の内側でも境界線でも、樹木ラインは整然と1列に並んでいる。このような違いは、集落の配置が関係している、と考えられる。粟国島は、渡名喜島の2倍以上の大きさで、集落は島の南側に位置し、北側には高い丘があり、海岸からは比較的離れている。調査対象としたNo.1から4の住居は、それぞれ海岸から350m、280m、640m、440m離れている。

　『粟国村史』によると、島の西側に位置する高地に人が最初に住みはじめたとされ、そこには御嶽もいくつかある。御嶽とは深い森林に覆われた神聖な場所で、住民はそこで神と祖先に祈りを捧げ、豊作、豊漁、幸運、航海の安全などを願う。最初に人々が住み着いた場所が御嶽になっているケースが多い。その後、人口増加などで、人々は平地に移り住み、現在の集落が形成されていった、考えられる。
粟国島の集落は、近世期の計画村落の形態である網目状の構造（碁盤目状集落ともいわれる）にはなっていない。したがって、前回調査した渡名喜島や備瀬集落と違い、その端緒は、近世計画村落形成以前に成立し、その後、自然に拡大していった可能性が考えられる。

　表11-1は、調査したフクギのデータをまとめたものである。家屋番号

1から4の屋敷林におけるフクギの平均樹高は、それぞれ457.4cm、523.4cm、521.2cm、536.3cm、DBHはそれぞれ13.4cm、16.3cm、17cm、16cm、平均推定樹齢はそれぞれ53.6年、65.2年、68年、64年、最高推定樹齢はそれぞれ172年、183.6年、200年、191.2年となっている。

表11-1. フクギ屋敷林のデータ

住居番号	総数	樹高(cm)		DBH (cm)		推定樹齢(年)	
		平均	最大	平均	最大	平均	最大
No.1	132	457.4	946	13.4	43.0	53.6	172.0
No.2	127	523.4	835	16.3	45.9	65.2	183.6
No.3	114	521.2	992	17.0	50.0	68.0	200.0
No.4	191	536.3	1197	16.0	47.8	64.0	191.2
合計	564	511.9	1197	15.7	50.0	62.8	200.0

注：推定樹齢は平田(2006)の公式[DBH(cm)÷2×8]により算出した。

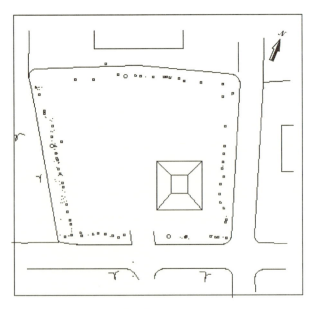

図11-3-1. 調査屋敷NO.1（566番地）

集落全体を対象に、フクギの巨木を全て調査したところ、最も大きな木はDBHが740cm、推定樹齢は296年であった。この巨木は、1737年の計画村落の開始期から存在していたことになる。

　樹高とDBHの頻度分布曲線を、図11-4と図11-5に示した。樹高の頻度分布は、No.1と3では1-2mと7-8m、No.2と4では2-3mと6-7mにピークがある。どの屋敷林も2階層の構造になっており、トータルで見ると2mと7mにピークがある。DBHの頻度分布では、大多数が5cm以下となっており、35cm以下では、どの住居も似たような分布を示している。

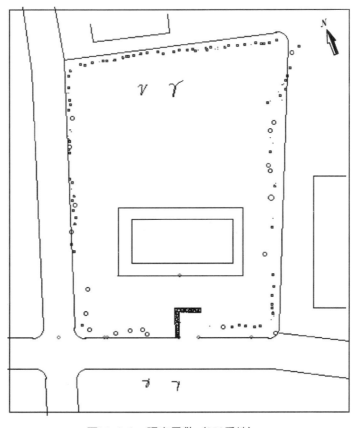

図11-3-2. 調査屋敷（250番地）

フクギ屋敷林の平均的な樹高は、粟国島では512cm、渡名喜島では407cm、備瀬では552cmとなって、粟国島も渡名喜島や備瀬と大きな差はない。これは定期的な剪定の結果だ、と考えられる。

　粟国島では旧暦の10月1日に、カミマーイ(竃廻り)という伝統行事が行われ、住民は火災防止を願い、火の神に祈りを捧げる。同じ日に、道路を覆うほどに伸びた屋敷林の枝が切られ、木の最頂部も高さの調整が行

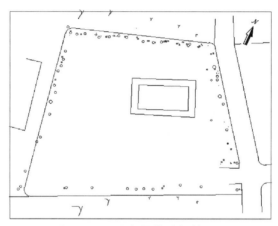

図11-3-3. 調査屋敷（空地）

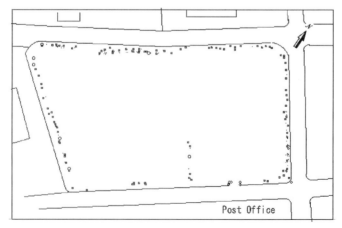

図11-3-4. 調査屋敷NO.4　（空屋）

われる。地域住民によると、最頂部は数年に一度刈り込まれるという。屋根よりも1mほど高い樹高が、住民にとっての望ましい高さのようである。

粟国島でのDBHの平均値は16cmで、渡名喜島の10cmや備瀬の11.5cmよりも高い。これは人工的な間引きや定期的な剪定による要因が大き

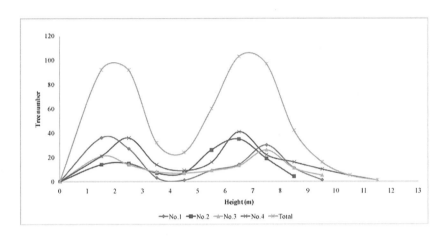

図11-4. 家屋ごとの樹高の頻度分布曲線。

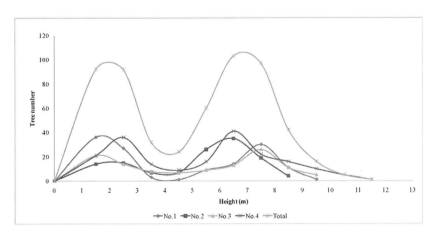

図11-5. 家屋ごとのDBHの頻度分布曲線。

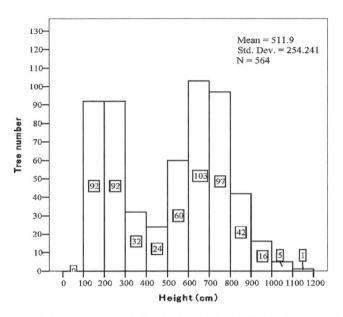

図11-6. 粟国島におけるフクギ屋敷林の樹高の頻度分布図

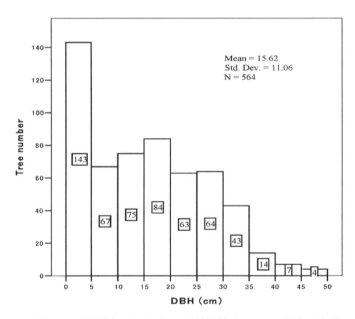

図11-7. 粟国島におけるフクギ屋敷林のDBHの頻度分布図

い、と考えられる。また海岸線に近い環境にある備瀬や渡名喜島と違って、北側の丘を背に形成されている内陸型の集落環境の違いによるかも知れない。

2．密度と再生力

表11-2は、粟国島における立木の密度を示したものである。家屋ごとにフクギの総数を樹木ラインの長さで除したものを密度として算出した。No.1から4までの密度は、それぞれ1.6、1.6、1.8、1.8となっている。

管理と再生状況を見るために、屋敷林の根茎の新芽と実生苗木の数を調べた。大量に見つかった切り株の数は、調査家屋ごとにそれぞれ29、39、42、68であった。実生苗木の数は、調査家屋ごとにそれぞれ42、14、1、12であった。

調査家屋ごとの立木の数に対する切り株の数の比率は、それぞれ0.2、0.3、0.4、0.4であった。大量の切り株の存在は、屋敷林内で定期的な伐採が行われていたことを示している。

粟国島の調査地における樹高1m以下の小さな木の数は、渡名喜島や備瀬と比較すると最も少なかった。No.3には1本しかなかった。粟国島

表11-2．フクギ屋敷林の密度と再生

	面積 (m^2) (1)	長さ (m) (2)	(3)	(4)	(5)	(6)	(7)	(8)	(9)
No. 1	688.0	81.49	132	1.6	285	42	29	22%	179
No. 2	579.9	68.83	113	1.6	167	14	39	35%	244
No. 3	601.4	57.33	102	1.8	152	1	42	41%	265
No. 4	1120.1	94.56	170	1.8	211	12	68	40%	303
Total	—	302.21	517	1.7	815	69	178	—	—

注：(1)・(2)・(3) 1m以上の高さのフクギの総数、(4)フクギ本数/屋敷林帯の長(m)、(5)根茎から生えた新芽の数、(6)樹高1m以下の苗木、(7)切り株の数、(8)stand treesに対する切り株の比率、(9)切り株から生えた新芽の数。

における苗木の再生の少なさは、渡名喜島や備瀬とは大きく異なっている。実生苗木の数は、渡名喜島のNo.6と7でそれぞれ360、280、備瀬のType 3bで213と高い数値になっている。定期的な清掃と伐採が、実生苗木が少ないことと関連している、と考えられる。備瀬や渡名喜島が砂質土壌であるのに、粟国島は島尻マージ質の土壌である。どちらかというと、島尻マージでは実生苗木は育ちにくい。このことが影響しているかも知れない。

粟国島では、通風と採光を確保するために、フクギ林の上層と下層を剪定する独特な景観も見られる。(写真11-3) すなわち、2m以下の高さから伸びている枝は天然のフェンス(外からの目隠し)とし、上層と下層の間に通風と採光をよくするための剪定を行っている。こうした定期的

写真11-3. 二層になったフクギ屋敷林

注:下層の枝は外からの目隠しとして残され、上層と下層の間は通風のために枝が取り払われている。

な人工の手入れ作業が、他の地域との違いを生み出している大きな要因、と考えられる。

3．屋敷林の管理

　粟国島では、伸びすぎた枝の剪定や高さの調整が定期的に行われている。各集落でそれぞれ2人の住民が、全てのフクギ屋敷林の管理をするために雇われている。枝の剪定は年に1度行われる。自動車の普及とともに道幅が広げられ、円滑な交通のために道路に面した枝は剪定される。しかし、景観を考慮せずに過剰な剪定が行われた例もある。(写真11-4)この管理形態が、前述した渡名喜島や本部町備瀬でほぼ放棄された屋敷

写真11-4．道路沿いの剪定されたフクギ屋敷林

注：定期的な剪定とともに、道沿いの高い枝まで伐採されている。集落内の木の
　　管理では、美しい景観よりも、円滑な交通の方が重視されることがある。

林の状態と異なる点である。

第5節　結　論

　渡名喜島と備瀬集落に続き、粟国島のフクギ屋敷林について、4ヵ所で564本のフクギの調査を行った。調査の結果、粟国島におけるフクギ屋敷林の樹高は、平均して457cmから536cmの間に収まっていた。4調査地のDBHの平均値の幅は13cmから17cm、推定樹齢の平均値の幅は54年から68年であった。調査地内で最も古い木は推定樹齢200年であった。粟国島で最も大きい木のDBHは740cmで、推定樹齢は296年だった。この年代を単純にさかのぼると1737年頃に植えられたことになる。

　林帯の中での樹高1m以上の立木の密度は、4調査地で1.6から1.8の幅があった。林帯には樹高1m以下の低い木はほとんどないが、切り株は多数見つかった。砂地で覆われた渡名喜島と備瀬では、多数の低木が見つかったが、粟国島では定期的に剪定が行われていることから、低木はほとんどなかった。粟国島では、定期的な刈り込みと伸びた枝の剪定が年に1回行われている。土壌が島尻マージであるということも、いくらかの下層の木の繁茂を抑えている要因かも知れない。

　粟国島では、若木の定期的な剪定と木の最頂部の高さ調整が、第二次世界大戦以降も継続して実施されてきた。粟国島では、頻繁な高さの調整や、枝・苗木の剪定が行われてきた結果、適切な密度と高さが保たれてきた。このため粟国島のフクギ屋敷林は、密度管理があまり行われていない渡名喜島や備瀬の屋敷林と異なる人工的景観を呈しているといえる。

　粟国島の集落は、背後が丘陵地で囲まれて南向きに位置し、海岸から遠く離れている。そのため集落の北側境界線のフクギ屋敷林は、海岸線に近い渡名喜島と備瀬のように、林帯の幅が広くとられていない。

第12章　琉球列島におけるフクギ巨木の分布

第1節　序　論

　琉球列島にあるフクギは、フィリピンのバタン島が原産地で、学名は*Garcinia subelliptica*となっている。同じ種は、台湾、与那国島、西表島、石垣島に分布するが、与那国島、西表島、石垣島などには自生種が見られるという。沖縄本島とその近くの離島、宮古島・八重山諸島の一部のフクギは、人工植栽されたものが多い。

　『琉球植物誌』(初島、1975)には、フクギが防風垣として西表島以外で広く植栽されたことが記載されている。『台湾植物誌』(1996、第2巻、第2版)にも、フクギがフィリピンのバタン島の原産であることが記載されている。フクギの近縁種で「蘭嶼福木」(学名：Garcinia Linii)の名前のついた種類が、台湾島の東の緑島と蘭嶼島には存在する。『台湾植物誌』によれば、学名*Garcinia subelliptica*のフクギは、緑島と蘭嶼島の2島の海岸に自生していて、その後に台湾の各地に景観樹として広く植えられたという。(前掲書、p.698)

　『琉球列島植物方言集』(天野、1979)には、フクギの分布や利用の歴史、各地での呼び方が収録されている。フクギは奄美群島では防火林を意味する「カジキ」と呼ばれる。これは茅葺の家を隣家の火災から守る木に由来する。

　沖縄本島の備瀬集落と奄美大島では、フクギは「中国から持ってきたフクギ」を意味する「トーフクギ」とも呼ばれている。しかし、中国本土や台湾の屋敷の周辺で、フクギの巨木をみるのは稀である。琉球では外来の稀なものを中国由来の「トー」(唐)と呼ぶ習わしがあることから、「トーフクギ」の名前がついたであろう。

現在、琉球列島におけるフクギの分布域は、人工植栽を含めて、北は奄美大島から南は与那国島までである。このフクギの巨木の分布域を調べ、その樹齢を推定することで、その植栽年や分布の拡大状況が全体的に把握できる。

第2節　調査地と調査方法

　フクギ巨木の調査は、沖縄諸島、宮古諸島、八重山諸島、奄美諸島の3つの主要なグループに分けて行った。

　調査に当たっては、まず地方行政のレポートや文献記録からフクギ巨木に関連する情報を収集した。そして、フクギ巨木の場所を特定するために、各調査対象の島のほぼ全ての集落を訪ねた。最も保存状態の良いいくつかの屋敷を選択し、それらの周りのフクギ巨木のDBH（胸高直径）と高さを測定し、集落ごとに集計した。さらに、御嶽、アシャギ、拝所等の聖域にあるフクギ巨木も調査し、それらのDBH（胸高直径）と樹高を測定した。

　環境省（1991）では、地上から約1.3mの位置での幹周が3m以上の木を「巨樹・巨木」と定めている。しかし、成長の遅い樹種の場合は、幹周り300cm未満も「巨樹・巨木」として認めている。フクギは比較的成長の遅い樹種であるため、1868年以前の琉球王国時代に植えられたものを、本調査では巨木として定義した。それにしたがい、25cm以上のDBHを持つ全てのフクギを樹齢100年と推定した。

　推定樹齢は、便宜上、[DBH（cm）÷2×8]（平田2006）の式に基づいて計算した。調査した全てのフクギ巨木は、推定樹齢ごとに5段階（300年以上、250年～299年、200年～249年、150～199年、100年～149年）にグループ化した。さらに、各集落の最高樹齢のフクギ巨木をグループごとに色を分けて描き、フクギ巨木分布地図を作製した。その際、国土地

理院が発行した25,000デジタル地図を用い、最大の残存木の分布をマッピングした。調査対象木の5つのグループは、集落ごとにマッピングし、異なる色でペイントした。集落内のフクギ巨木分布図は、ゼンリンの住宅地図を参照して作成した。

第3節　沖縄諸島におけるフクギ巨木の分布

1．集落内のフクギ巨木

　図12-1に示されているように、樹齢250年以上のフクギ巨木は、沖縄本島及び各離島にほぼ均等に分布している。

　調査対象集落におけるフクギ屋敷林の被覆率を、表12-1のようにまとめた。表12－1で示したように、久米島の宇根におけるフクギ屋敷林の被覆率は約80％に達しており、最もよく保存されてきたフクギ屋敷林景観の事例として挙げられる。また、沖縄本島北部の備瀬集落、粟国島の東と西集落、渡名喜島における被覆率は70％であった。国頭郡では、約10集落が被覆率50％以上で、集落全体の半数の屋敷にフクギが植えられているということになる。伊是名島の1つの集落と久米島の2つの集落が、被覆率50％以上だった。フクギ屋敷林の被覆率が30％以上の22集落のうち、中頭郡の集落はひとつだけだった。沖縄本島南部の全ての調査対象集落では、フクギ被覆率が全て30％未満であった。つまり、より都市化が進展した地域の南部では、残存するフクギ林は少なかった。激しい戦争による被害が影響しているのかも知れない。

　表12-1は、各集落（字）内に残存する最古のフクギに関する現地調査の結果をまとめたものである。全ての調査データを国頭郡・中頭郡・島尻郡の3地域別にまとめてみた。沖縄本島の西側の離島は島尻郡に属している。これらの地域を含む合計183集落のうち、15集落には300年以上のフクギ巨木があった。250年以上のフクギ巨木は54集落にまたがって

いた。国頭郡の7集落、中頭郡の6集落、および島尻郡内の2集落には300年以上のフクギ巨木があった。国頭郡の16集落、中頭郡の6つ集落、および島尻郡の17集落には、250年以上のフクギ巨木があった。

　最大のフクギ巨木は、沖縄本島の東の浜比嘉島の民家の屋敷内にあり（写真12-1）、樹高15メートル、樹齢373年と推定された。その屋敷の北側にあった他の2本のフクギ巨木は、約270年と292年と推定された。この2つのフクギ巨木の樹齢から推定すると、もう一方の樹齢373年のフクギは、同時期に植栽されたのではないか、との推測も成り立つ。事実、樹齢373年のフクギは、根元は一体化しているが、上部の樹形が2つにまたがっていて、合体木の可能性が高い。このような合体木の事例は県内各地で出現するので、その見極めが大事である。ここでは参考程度にみてほしい。

写真12-1．．浜比嘉島の浜集落内のフクギ巨木
注：DBH93.3cm、推定樹齢373年、樹高15m。合体木と見られる。

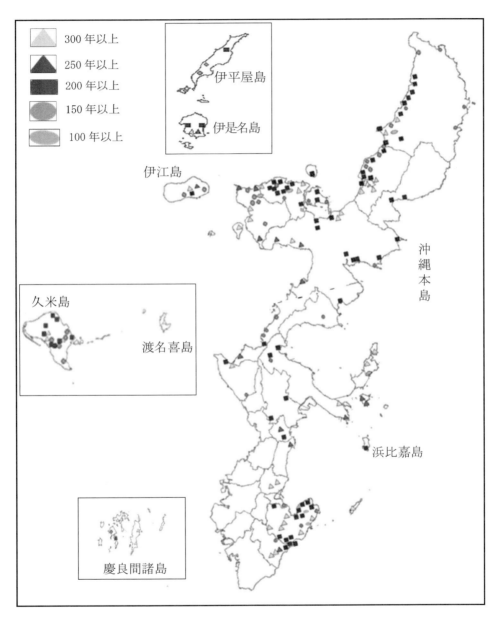

図12-1. 沖縄諸島の集落におけるフクギ巨木の分布

表12-1. 沖縄諸島における各集落の最大フクギ巨木リスト

調査地		集落内最大フクギ[2]			フクギ屋敷林
市町村	字[1]	胸高直径(mm)	推定樹齢(年)[3]	樹高(cm)	の被覆率[4]
国頭	浜	548	219	858	20%
	比地	500	200	570	10%
	鏡地	665	266	980	<10%
	桃原	548	219	482	40%
	辺土名	458	183	688	<10%
	辺野喜	539	216	1,408	10%
	佐手	520	208	1,410	50%
	謝敷	531	212	1,430	30%
	与那	410	164	745	<10%
	伊地	584	234	831	<10%
	宇良	678	271	1,192	<10%
	宇嘉	566	226	1,070	<10%
	宜名真	463	185	990	<10%
	奥	488	195	1,010	50%
	楚洲	315	126	600	<10%
	奥間	367	147	350	<10%
	安波	439	176	820	<10%
	安田	434	174	1,200	30%
大宜見	田嘉里	444	178	634	10%
	謝名城	595	238	1,230	<10%
	喜如嘉	469	188		10%
	饒波	594	238	1,208	<10%
	大兼久	488	195	1,430	<10%
	根路銘	475	190	1,010	30%
	上原	570	228	1,230	50%
	塩屋	556	222	1,330	<10%
	屋古	605	242	1,400	<10%
	田港	646	258	1,600	<10%
	白浜	624	250	1,850	30%
	津波	627	251	1,320	10%
	宮城	535	214	860	<10%
今帰仁	今泊	736	294	1,038	60%
	兼次	569	228	1,570	50%
	諸志	526	210	1,650	50%
	与那嶺	594	238	1,120	10%
	仲尾次	492	197	1,000	30%
	崎山	604	242	1,020	30%
	平敷	515	206	1,050	<10%
	超地	387	155	1,033	<10%
	謝名	476	190	980	<10%
	仲宗根	550	220	712	<10%
	湧川	500	200	950	<10%

調査地		集落内最大フクギ[2]			フクギ屋敷林
市町村	字[1]	胸高直径(mm)	推定樹齢(年)[3]	樹高(cm)	の被覆率[4]
	勢理客	730	292	1,190	<10%
	上運天	–	–	–	30%
	運天	704	282	1,025	50%
	*古宇利	518	207	1,409	10%
本部	*瀬底	628	251	1,250	60%
	﨑本部	756	302	1,130	<10%
	健堅	713	285	1,350	10%
	辺名地	410	164	1,250	<10%
	浜元	653	261	1,240	10%
	浦崎	440	176	970	<10%
	古島	410	164	1,293	<10%
	謝花	440	176	850	<10%
	嘉津宇	310	124	1,250	<10%
	具志堅	767	307	1,180	30%
	新里	410	164	700	30%
	備瀬	750	300	–	70%
東	平良	560	224	820	10%
	川田	508	203	800	<10%
	宮城	300	120	750	10%
名護	幸喜	812	325	1,170	<10%
	東江	–	–	–	<10%
	屋部	600	240	1,160	30%
	宇茂佐	765	306	1,630	<10%
	安和	602	241	1,350	10%
	饒平名	557	223	1,295	30%
	我部	453	181	898	<10%
	済井出	539	216	1,050	30%
	屋我	432	173	960	<10%
	稲嶺	745	298	1,115	50%
	真喜屋	694	278	860	<10%
	仲尾次	570	228	1,180	<10%
	伊差川	510	204	1,120	<10%
	呉我	731	292	815	10%
	久志	600	240	1,110	<10%
	大浦	513	205	910	<10%
	瀬嵩	550	220	540	10%
	汀間	590	236	850	50%
	安部	440	176	1,360	20%
	嘉陽	613	245	700	30%
	天仁屋	620	248	850	30%
宜野座	漢那	536	214	980	<10%
恩納	名嘉真	700	280	1,300	10%
	安富祖	560	224	680	<10%

調査地		集落内最大フクギ [2]			フクギ屋敷林の被覆率 [4]
市町村	字 [1]	胸高直径(mm)	推定樹齢(年) [3]	樹高(cm)	
うるま	瀬良垣	505	202	500	10%
	恩納	491	196	1,010	<10%
	谷茶	487	195	700	<10%
	前兼久	396	158	950	<10%
	仲泊	523	209	850	20%
	真栄田	760	304	1,315	30%
	石川	559	224	873	<10%
	石川嘉手刈	590	236	1,350	<10%
	石川山城	395	158	1,010	<10%
	勝連内間	630	252	770	<10%
	天願	727	291	1,198	<10%
	勝連平敷屋	775	310	700	<10%
	*勝連津堅	542	217	850	<10%
	*勝連浜	933	373	1,550	30%
	*勝連比嘉	827	331	1,300	20%
	与那城屋慶名	747	299	1,270	20%
	*与那城桃原	365	146	650	<10%
	*与那城上原	675	270	700	<10%
	*与那城伊計	712	285	1,100	10%
金武	金武	470	188	900	<10%
読谷	長浜	645	258	950	<10%
	瀬名波	514	206	1,230	<10%
	古堅	460	184	860	<10%
沖縄市	松本	570	228	─	<10%
	山内	640	256	880	<10%
北中城	喜舎場	804	322	1,230	<10%
	大城	614	246	800	10%
中城	泊	765	306	1,450	<10%
西原	内間	638	255	450	<10%
	小波津	625	250	400	<10%
与那原	板良原	390	156	1,410	<10%
南城市	玉城垣花	395	158	1,050	<10%
	玉城百名	700	280	810	<10%
	*玉城奥武	504	202	780	<10%
	玉城志堅原	500	200	910	<10%
	玉城堀川	556	222	450	<10%
	玉城富里	512	205	650	<10%
	玉城船越	746	298	1,250	<10%
	玉城前川	532	213	1,080	<10%
	知念志喜屋	624	250	850	<10%
	知念山里	305	122	905	<10%
	知念	688	275	1,320	<10%
	知念久手堅	415	166	1,220	<10%

調査地		集落内最大フクギ [2]			フクギ屋敷林
市町村	字 [1]	胸高直径(mm)	推定樹齢(年) [3]	樹高(cm)	の被覆率 [4]
	知念安座真	540	216	780	<10%
	知念知名	525	210	440	<10%
	知念久原	501	200	1,350	<10%
	*知念久高	693	277	1,023	<10%
	佐敷新里	700	280	1,800	<10%
	佐敷	550	220	1,110	<10%
	佐敷手登根	570	228	280	<10%
	佐敷伊原	340	136	680	<10%
	佐敷外間	520	208	950	<10%
	佐敷仲伊保	250	100	920	<10%
	大里嶺井	593	237	805	<10%
	大里稲嶺	624	250	1,050	<10%
八重瀬	具志頭	765	306	890	<10%
	新城	460	184	960	<10%
	玻名城	678	271	1,500	<10%
	安里	700	280	1,190	<10%
	港川	541	216	800	<10%
*伊平屋	田名	528	211	380	<10%
	我喜屋	445	178	970	<10%
	島尻	436	174	900	<10%
	野甫	416	166	610	<10%
*伊是名	伊是名	671	268	1,408	50%
	仲田	760	304	1,450	10%
	諸見	583	233	1,415	<10%
	勢理客	523	209	710	<10%
*伊江島	東江上	762	305	1,190	<10%
	東江前	473	189	910	<10%
	西江上	716	286	1.120	10%
	西江前	522	209	1.043	<10%
	川平	375	150	730	<10%
*粟国	西	652	261	445	70%
	浜	703	281	1,074	20%
	東	740	296	815	70%
*渡名喜	渡名喜	670	268	550	70%
*渡嘉敷	渡嘉敷	678	271	1,050	20%
	阿波連	735	294	1,290	10%
*座間味	座間味	717	287	740	<10%
	阿佐	681	272	1,460	20%
	阿真	671	268	830	30%
	阿嘉	433	173	1,110	<10%
	慶留間	620	248	970	30%
*久米島	仲地	503	201	950	30%
	上江洲	640	256	1,290	30%

調査地		集落内最大フクギ[2]			フクギ屋敷林
市町村	字[1]	胸高直径(mm)	推定樹齢(年)[3]	樹高(cm)	の被覆率[4]
	西銘	545	218	1,100	30%
	仲泊	632	253	920	〈10%
	大田	430	172	550	〈10%
	兼城	569	228	1,110	〈10%
	嘉手刈	600	240	930	〈10%
	宇江城	597	239	850	30%
	比屋定	520	208	860	〈10%
	真謝	470	188	990	30%
	宇根	610	244	—	80%
	謝名堂	480	192	850	60%
	比嘉	606	242	800	60%
	島尻	395	158	750	〈10%
	山城	564	226	1,020	〈10%
	儀間	433	173	730	〈10%

注：＊印は離島にある集落を意味する。
1. 字とは集落のことで、これは沖縄におけるコミュニティの最小単位で構成される。いくつかの字が集まり集落となる。字、集落、部落という言葉は、同義的に使われる。字はよりフォーマルで、部落はより一般的である。部落は社会的、地理的なグループである。
2. 「屋敷抱護」とは、英語でhouse-embracing Fukugi treesと表される。「抱護」とは、沖縄の風水コンセプトでは最優先されるべきものであり、文字通り抱いて守るという意味がある。家屋周辺に設けられた林帯は、強風からの防御として効果的である。残存するフクギの巨木は、ほとんどの古い集落に存在している。
3. 樹齢は、平田（2006）による公式[樹齢 (DBH(cm)÷2×8]により算出した。
4. 全家屋総数に対するフクギ屋敷林のある家屋の比率。ここでいう「**フクギ屋敷林**」とは、フクギの樹高が1.3m以上のものが複数存在している屋敷を指す。

2．聖域内のフクギ巨木

　御嶽、アシャギ、湧水などの聖地で見つかった最大のフクギについて、表12-2・3に示した。37集落内の御嶽や他の聖地でフクギ巨木が見つかった。最大のフクギは、読谷村古堅集落内の御嶽にあり、樹齢344年と推定された。他の聖地で見つかった最大のフクギは、名護市の仲尾次のアシャギと、西原町の内間御殿にあり、それぞれ樹齢364年、348年と推定

された。また、金武町の観音寺の南の入り口にあるフクギ巨木は、樹高12m、樹齢360年と推定された。

聖域のほとんどに、1本か数本のフクギ巨木があった。しかし、国頭郡の桃原御嶽・アシャギ（写真12-2）、比地アシャギ、仲泊アシャギ、中頭郡の古堅御嶽には多くのフクギ巨木があった。比地アシャギは集落の東側の小玉森の中にある。約20本のフクギ巨木と保全されてきた周辺の自然林が混在している。他の3つの聖地は、集落内のフクギに囲まれた場所に位置している。これらの4つの聖域でのフクギ巨木の平均胸高直径は40cm以上ある。自然林の中にあるフクギ巨木は、他の場所のフクギより樹高が高かった。

写真12-2．国頭村の桃原集落内にある金萬神社

表 12-2. 御嶽等聖域におけるフクギ巨木の分布（沖縄本島）

調査地			御嶽の周辺にある最大フクギ[1]			アシャギ及び他の聖域にある最大フクギ[2]		
市町村		字	胸高直径(cm)	推定樹齢(年)	樹高(cm)	胸高直径(cm)	推定樹齢(年)	樹高(cm)
国頭郡	国頭村	宇良	613	245.2	959			
		謝敷	663	265.2	1140			
		桃原[3]	766	306.4	960	766	306.4	960
		比地				661	264.4	1480
		浜				413	165.2	1082
	大宜味村	大兼久	493	197.2	1430			
	今帰仁村	崎山				588	235.2	951
		上運天				660	264	1520
	東村	川田	813	325.2	1000			
	名護市	幸喜				730	292	1180
		東江				700	280	1260
		仲尾次				910	364	720
		瀬嵩	712	284.8	1750			
		汀間	462	184.8	1100			
		天仁屋				375	150	700
	宜野座村	漢那						
	恩納村	仲泊	733	293.2	1500	625	250	1550
中頭郡	うるま市	高江洲	636	254.4	1180			
		山城	410	164.0	920			
		屋慶名	758	303.2	1320			
		伊計	580	232.0	700			
	読谷村	古堅	870	348.0	1306			
	西原町	内間				870	348	1340
島尻郡	南城市	山里				600	240	1390
		佐敷				595	238	930
	座間味村	阿佐	533	213.2	830			
		阿真	587	234.8	960			

注：1 御嶽とは集落の守り神をまつった神聖な場所である。
　　2 神アシャギとは神聖な場所に建てられた小さな建物のことであり、そこには守護神が儀式の際に集うという。

表12-3 聖地内残存フクギ巨木

御嶽/アシャギ	本数	胸高直径（cm）		推定樹齢（年）		樹高（cm）	
		最大	平均	最大	平均	最大	平均
桃原	21	76.6	47.4	282	189	1,172	897
比地	20	66.1	42.0	264	168	-	1,480
仲泊	20	62.5	42.1	250	168	1,550	1,450
古堅	12	86.0	49.5	344	198	1,306	1,048

注：桃原御嶽とアシャギは、集落の同じ場所に建てられ、周辺はフクギで取り囲まれている。比地アシャギは、集落背後の丘の頂上の深い森に覆われた場所に位置する茅葺き屋根の小さな建物である。植林されたフクギの他、アカギの巨木も混在している。仲泊アシャギは村の中央に位置し、現在では公園や儀式を行う場所として利用されている。古堅御嶽は村内に位置し、純粋なフクギの木立に覆われている。

3．近世集落とフクギ巨木

　仲松（1977）によると、沖縄県内の182箇所の「碁盤型集落」のうち、163集落は沖縄群島に位置している。そのうち約44箇所の「碁盤型集落」に100年以上のフクギ巨木があった。（図12-2）仲松（1977）は『球陽』の記録及び聞き取り調査に基づき、集落成立年代別に、全ての「碁盤型集落」のグルーピングを行っている。沖縄群島の全163碁盤型集落のうち、新創立あるいは移設による26集落を、グループ１に分類した。また80集落は移設によるものであるが、年代不詳であるので、グループ２に分類した。残りの57集落は、新創立なのか移設なのか、またそれがいつ行われたのか不明な集落で、グループ３に分類している。

　残存フクギ巨木を対象とした本調査（2009年調査時点での計算結果）では、44「碁盤型集落」のうち、12集落に樹齢273年以上のフクギがあった。合計44「碁盤型集落」のうちの12集落に、1737年以前からフクギが植栽されていたことが分かった。本部町の備瀬、名護市の幸喜、恩納村の真栄田、中城村の泊、伊是名村の仲田の5集落（図12-2）には、300年以上のフクギがあった。名護市稲嶺、うるま市の伊計島、南城市の安里、

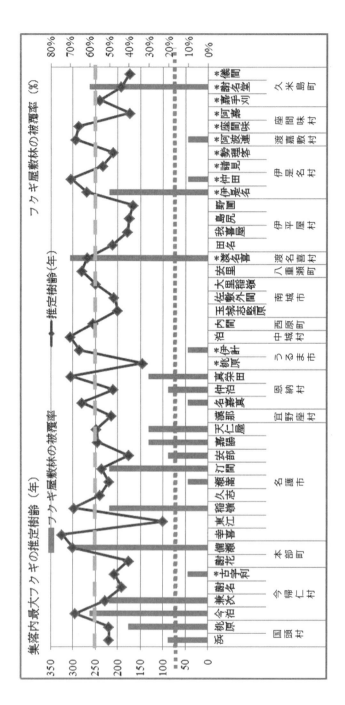

図12-2. 調査した碁盤型集落における最大のフクギ巨木とフクギ被覆率

注：左軸は集落内最大フクギの推定樹齢（年）。右軸はフクギ屋敷林の被覆率。
＊印は離島の集落を表す。

渡嘉敷島の阿波連、座間味島の座間味の6集落には、273年以上のフクギがあった。以上の11の集落を仲松の分類に当てはめると、全てグループ2と3に属していることになる。

恩納村の名嘉真には樹齢約280年のフクギ巨木があった。仲松（1977）は、「名嘉真は1737年以降に移設された集落である」と記述しており、フクギ巨木の調査結果とほぼ一致する。残存フクギ巨木調査の結果を仲松の分類に当てはめると、グループ1とグループ2にほぼ対応していることが分かった。

図12-2は「碁盤型集落」における最大のフクギ巨木とフクギ被覆率を示している。国頭郡の5集落、島尻郡に属する離島の3集落、合わせて8つの「碁盤型集落」が、高いフクギの被覆率を示した。これらの集落では、集落内の50％以上の家屋がフクギ屋敷林に囲まれていた。（図12-2）

4．間切番所のフクギ巨木

近世琉球の沖縄本島内には35の間切があった（梅木、1989）。現在、これらの間切番所跡にはフクギ巨木が残存している。全部で7か所の番所跡に、フクギ巨木があった。沖縄本島の5ヵ所、久米島と渡名喜島の

表12-4．昔の番所跡における残存フクギ巨木リスト

番所	フクギの本数	胸高直径(cm)		推定樹齢（年）		樹高(cm)	
		最大	平均	最大	平均	最大	平均
今帰仁	20	70.4	51.0	282	204	1,172	897
名護市	6	89.3	74.2	357	297	1,660	1,383
金武	21	70.0	44.0	280	176	1,500	1,027
与那城	23	81.0	55.0	324	220	1,300	1,145
南風原	5	69.0	54.7	276	218	930	860
渡名喜	7	60.3	50.0	241	200		
仲里	37	81.4	50.0	326	201	1,380	1,085

注：間切とは、琉球王国における行政区分の単位であり、いくつかの集落が集まって間切となる、番所とは王朝時代の役所のことである。

図12-3. フクギの巨木が残る番所の遺跡の位置
注：一番大きなフクギは現在の名護博物館敷地の旧国頭番所跡にあった。現在の名護博物館には6本のフクギ巨木があり、平均樹齢は297年と推定された。文献によると、これらのフクギは当時の地頭代の屋部菊陰によって1695年に植えられたと記録されている。与那城間切は1676に新設された（梅木1989、p.193）。

それぞれ1ヵ所ずつである。(図12-3および表12-4) 久米島仲里蔵元（写真12-3）にはよく保存されたフクギ巨木群があった。現存する敷地周辺のサンゴ石灰岩の石垣は、1763年に作られたと言われている。仲里蔵元には、全部で37本のフクギ巨木があり、それぞれ敷地の東側・北側・西側に分布している。与那城、金武、今帰仁の番所跡には20本以上のフクギ巨木があった。調査対象とした7ヵ所の番所跡のうち、金武を除く6ヵ所におけるフクギ巨木の平均DBH（胸高直径）は、50cm以上であった。

第4節　先島諸島におけるフクギ巨木の分布

1．八重山諸島の事例

　先島諸島とは、日本列島の最南端に位置する島々で、宮古諸島と八重山諸島を指す。八重山諸島の行政区は石垣市、竹富町、与那国町の3つ

から成る。主な島は石垣島、西表島、竹富島、小浜島、波照間島、与那国島で、それぞれの島にフクギが分布している。なお、フクギは屋敷林として人工植栽されているのが多いが、石垣島、西表島、与那国島などの山野には、自然分布と思われるフクギの群落が見られる。

　石垣島でのフクギ巨木の調査結果を表12-5にまとめた。石垣島の全21地区のうち、12地区に樹齢150年以上のフクギの巨木が残存していることが分かった（図12-4）。石垣島におけるもっとも大きなフクギは、島の南東部の白保にあり、樹齢350年と推定された。川平と伊原間の2つの集落では、樹齢280年以上のフクギの巨木が見つかった。市街地に近い集落では、樹齢250年以下のフクギが多かった。石垣島で調査したフクギ巨木の平均樹高は約10mであった。御嶽内でのフクギ巨木は、竹富町に多く見られた。

　参考のため、石垣島とその周辺の島々で、集落内におけるフクギの分布を把握するために、全家屋数とフクギのある家屋数を求め、フクギの被覆率を推測した（表12-5）。その結果、フクギ屋敷林の被覆率の平均値は約30％であった。石垣島北東部の伊原間集落は、全屋敷のおよそ半分

写真12-3．仲里番所跡（仲里蔵元）　　　　注：写真は敷地北側の林帯である。

が、フクギ屋敷林に囲まれていた。

　石垣市における調査では、集落内にフクギ屋敷林が希薄な状態で広範囲に分布していることが分かった。日本最南端の有人島である波照間島は、巨木化したフクギ屋敷林に覆われており、特に、南集落ではフクギの被覆率が約80％であったことが注目される。

　石垣島における残存フクギ巨木の分布調査により、フクギ屋敷林の残存率が都市化の程度と負の相関にあることが分かった。この調査結果は、沖縄本島の事例と一致している。その要因は、戦争と人為的伐採によるところが大きい。

　西表島の西部にある干立集落には、樹齢約300年以上のフクギがあっ

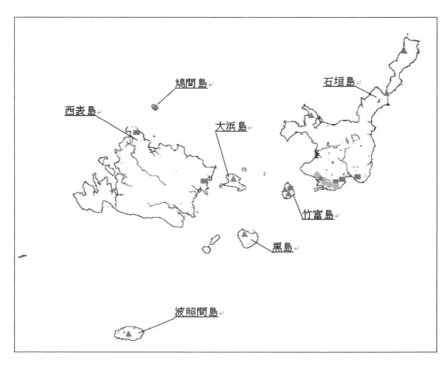

　　図12-4. 八重山諸島におけるフクギ巨木の分布
　　　　注：樹齢を異なる色で表した。注：樹齢の凡例は図12-1に参照。

表12-5. 石垣市の各集落に残存する最大フクギ巨木の分布

調査地			最大フクギ [2]			フクギの被覆率 [4]	聖地の最大フクギ			碁盤型集落 [5]
市町村	字 [1]	小字	DBH (cm)	推定樹齢 (年) [3]	樹高 (cm)		DBH (cm)	推定樹齢 (年) [3]	樹高 (cm)	
石垣市	登野城		381	152.4	860	<10%				●
	大川		490	196.0	910	40%				●
	石垣		615	246.0	1210	<10%	481	192.4	840	●
	新川		387	154.8	810	<10%				●
	川平		711	284.4	1050	20%				
	平得		540	216.0	960	30%				●
	真栄里		475	190.0	850	<10%				●
	大浜		593	237.2	1400	30%				●
	宮良		531	212.4	900	20%				●
	白保		884	353.6	1280	20%	395	158	850	●
	伊原間		715	286.0	820	50%				
	平久保		630	252.0	710	30%				
竹富町	黒島		572	228.8	900	30%	426	170.4	1000	
	竹富	仲筋	682	272.8	620	30%	677	270.8	830	
		東	570	228.0	1020	10%	506	202.4	1100	
		西	700	280.0	1000	20%	503	201.2	1120	
	小浜		700	280.0	710	<10%	770	308	1200	●
	古見		548	219.2	730	30%				●
	上原		600	240.0	840	<10%				
	西表		770	308.0	840	<10%				●
	鳩間		680	272.0	1100	40%				●
	波照間		667	266.8	850	80%	605	242	990	
与那国町	与那国	祖納	526	210.4	1100	10%				
		比川	530	212.0	710	30%				

注：1. 字とは集落のことで、これは沖縄におけるコミュニティの最小単位で構成される。いくつかの字が集まり、集落となる。字、集落、部落という言葉は、同義的に使われる。字はよりフォーマルで、部落はより一般的である。部落は社会的、地理的なグループである。
2. 「抱護」とは、沖縄の風水コンセプトでもっとも重要なポイントであり、文字通り抱きしめて守るという意味がある。住居周辺に設けられた林帯は、強風からの防御として効果的である。残存するフクギの巨木は、ほとんど古い集落に存在している。
3. 樹齢は、平田（2006）による公式[DBH(cm)÷2×8]により算出した。
4. 全家屋総数に対するフクギ屋敷林のある家屋の比率。この比率は現存するフクギの被覆度を推定する指標となる。
5. 「碁盤型集落」は地割集落とも呼ばれ、1737年以降に創設された（仲松1977）。「碁盤型集落」は、碁盤型の道路を有している。地割とは、近世琉球における集団的土地所有システムのことである。地割制のもと、全ての土地は集団で所有され、利用と管理が行われた。土地は集落によって違うが、およそ2年から30年の周期で分配・再分配が行われた。これらの「碁盤型集落」は、仲松(1977)に従ってマークしてある。

た。この集落内には、良好に保全されたフクギ屋敷林が見られる。竹富島、小浜島、鳩間島、波照間島の4つの島々では、樹齢約250年以上のフクギ巨木が確認できた。小浜島を除く小さな島々では、村全体にフクギが残存していた。

屋敷林として植えられた人工林のフクギ巨木のほかに、竹富島、小浜島、西表島には、自然林らしいフクギ巨木も存在していることが確認できた。小浜島の「こうき御嶽」（コーキワン）の中には、自然林と見られる巨木化したフクギ林があり、その中にDBHが77cm、樹高が約12m、推定樹齢が約300年のフクギ巨木があった。

八重山諸島では1771年の「明和の大津波」で、多くの集落が破壊され、約9,400人（宮古・八重山で約12,000人）が犠牲になっているが、それらの自然災害を生き延びたと見られるフクギ巨木が、今回の巨木調査で明らかになった。

2．宮古諸島の事例

宮古諸島は宮古島と伊良部島を含む宮古島市と多良間村の2つの行政区から成る。現在、宮古島市には、約50,000の人が住んでいる。宮古島市の各集落内で見つかった最大のフクギ巨木を、表12-6にまとめた。宮古島（図12-5）は石垣島よりも残存するフクギ巨木がはるかに少なく、

宮古島北部の狩俣集落、南部のいくつかの集落、周辺の小さな島々、旧平良市内の1部でしか見つからなかった。当初、フクギ巨木は、下地洲鎌にある樹齢約222年の木と推定していたが、その後の調査で、狩俣集落の北側にあるイスツ御嶽でおよそ300年のフクギ巨木が発見された。調査対象集落におけるフクギ屋敷林の被覆率は、ほぼ10％未満であり、狩俣集落の古い地域だけは、約20％と他の地域より高かった。フクギ巨木は、戦後、コンクリート家屋の出現と同時に減少し、今では、一部の屋敷林と御嶽内に残されている程度である。

多良間島は石垣島と宮古島の間に位置する小さな島である。多良間島の11の聖域には、683本のフクギ巨木があった。

調査地		屋敷中の最大フクギ			聖域内の最大フクギ			碁盤型集落
島	字	胸高直径 (cm)	推定樹齢 (年)	樹高 (cm)	胸高直径 (cm)	推定樹齢 (年)	樹高 (cm)	
宮古島	狩俣	578.0	231.2	900	769	307.6	1000	
	東仲宗根							
	川満	546.0	218.4	810				
	洲鎌	556.0	222.4	1120				
	保良	502.0	200.8	1100				
	嘉手苅	472.0	188.8	900				
	宮国	430.0	172.0	1150				●
来間島	来間	490.	196.0	850				
池間島	池間	505.0..	202.0	1140				
多良間島	塩川	642.5	257.0	1030	777	310.8	1282	●
	仲筋	655.0	262.0	810	680	272.0	932	●

表12-6．宮古島における各集落に残存するフクギ巨木

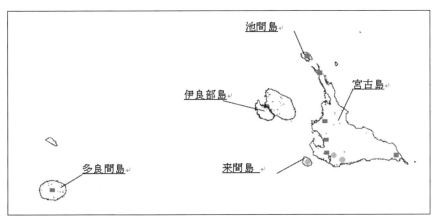

図12-5．宮古島におけるフクギ巨木の分布
　　　　注：樹齢を異なる色で表した。注：樹齢の凡例は図12-1を参照。

第5節　奄美諸島におけるフクギ巨木の分布

　奄美諸島には北から南へ奄美大島、喜界島、加計呂麻島、徳之島、沖永良部島、与論島の6つの主要な島々が並んでいる。奄美諸島においてフクギが、屋敷内で林帯としてまとまって数多く植えられている所は、沖永良部島以南の島々である。(表12-7、図12-6)

　奄美諸島内で最大の島である奄美大島には、国直と今里の集落だけにフクギの古木があり、その中で最大のフクギは樹齢250年以上であった。奄美大島の東海岸沿いに位置する国直集落は、全屋敷の約20％がフクギに囲まれ、奄美大島で最もフクギの保存状態が良好な所であった。他のいくつかの集落でもわずかながら小さなフクギが見られるが、奄美大島のほとんどの集落では、まとまったフクギの屋敷林を見ることはできない。

　奄美諸島で最大のフクギ巨木は、喜界島の中熊(先内)集落にあった。(写真12-5)樹高は約12mで、樹齢は400年以上と推定された。ただし、このフクギは単木で庭の南に生えており、屋敷はガジュマルの樹に囲ま

写真12-5．喜界島最大のフクギ巨木
注：単木で樹齢はおよそ400年。

れていた。2番目に大きなフクギは、喜界島の北部にある志戸桶集落にあった。喜界島では、単木か（例えば先内集落）、あるいは1軒のみが屋敷林の状態で、フクギ巨木が存在していた。

　徳之島には、フクギが非常に少なかった。島の東にある花徳では若いフクギが見られた。伊仙村の永喜家の屋敷には、フクギ巨木があった。合計36本のフクギを測定した結果、胸高直径の平均が47cmで、25cmから75cmまでの幅にあった。最大のフクギ巨木は、屋敷林の東側にあり、樹

表12-7. 奄美諸島の各集落に残存するフクギ巨木

調査地		最大屋敷林のフクギ		
島	字	胸高直径（cm）	推定樹齢（年）	樹高（cm）
奄美大島	国直	753	301.2	900
	今里	660	264.0	800
喜界島	先内	1141	456.4	1180
	志戸桶	870	348.0	1170
	池治	715	286.0	820
加計呂麻島	木慈	460	184.0	1800
徳之島	伊仙	755	302.0	1300
沖永良部島	和泊	690	276.0	1220
	手々知名	673	269.2	1220
	西原	435	174.0	1000
	国頭	504	201.6	1270
	喜美留	630	252.0	980
	余多	460	184.0	1600
	久志検	964	385.6	1240
与論島	茶花	548	219.2	1240
	那間	268	107.2	－
	城	696	278.4	1100
	西	543	217.2	1900
	朝戸	616	246.4	－

高が13mで、推定樹齢約300年であった。屋敷林の樹種はフクギの巨木がメインではあるが、南側には2本の大きなガジュマル、北側には何本かのホルトノキが混ざっていた。屋敷の所有者である永喜家は、琉球から渡来した末裔であるという。

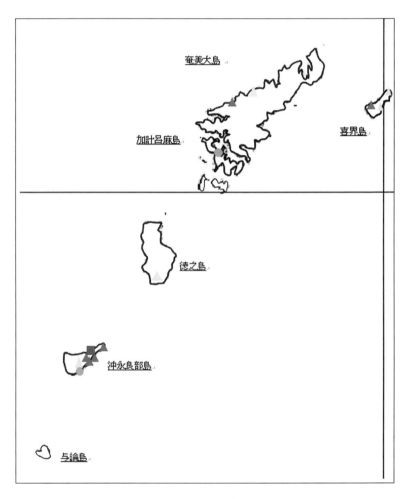

図12-6．奄美諸島におけるフクギ巨木の分布
注：樹齢を異なる色で表した。注：樹齢の凡例は図12-1に参照。

沖永良部島では、フクギが広く分布していた(写真12-4)。沖永良部島で最大のフクギは、現在の久志検コミュニティセンターの敷地にあり、樹高が12m、推定樹齢が385年であった。久志検コミュニティセンターは、かつての屋敷跡で、この屋敷の最初の所有者の妻(本部町出身)が、沖縄からフクギの種子を持ち込んできて庭に植えたと言われている。沖永良部島の中心部近くの喜美留の集落も、フクギの巨木が多く残存していた。集落内で最大のフクギがある家の所有者も、琉球にルーツを持つ人らしい。

　全体的に見ると、現在、沖永良部島以北の島には、フクギ屋敷林はまばらに分布しているが、沖永良部島とその以南の島々には広く分布していることが分かった。奄美大島は1609年の薩摩侵攻までは、琉球王国の

写真12-4. 沖永良部島最大のフクギ

注：樹齢はおよそ385年。

支配下にあった。琉球王国統治の時代に、政治・社会的に交流していた人々によって、フクギの種子や幼木が持ち込まれて植栽され、その一部が今日、奄美諸島の各地に残存しているもの、と考えられる。

終章　まとめと残された課題

第1節　風水集落景観の特徴

　中国における形勢派の風水の考え方は、住居地周辺の地形や自然環境を観察し、その上で最適な土地を見つけ出そうとする。理想的な住居の基本は、主要な5つの要素としての龍脈・砂・水脈・穴・方位を揃えることである。形勢派の風水は、まず住居地周辺の地形を観察・判断してから、住居の立地や方位を決める。周りに丘があると、人間にとってよい気を蓄積できると考える。

　中国大陸の風水地理では、周辺の地形の観察を通して、理想的ではない地形に対しては、その欠陥を修復する技法を提唱する。中国大陸では、地形の低いところの「水口」には、邪気を跳ね返すために塔を建てるか橋を作るのが一般的である。

　これと同じ概念で、韓国には「裨補」、沖縄には「抱護」の考えがある。韓国の「裨補」とは、村を囲む地形の欠陥を補完するために、龍脈（エネルギー）の気が漏れ出る箇所に林や石の塔を作る手法のことである。

　沖縄の「抱護」は、集落を抱いて護る地形や植林のことを指す言葉である。その形態には村を守る「村抱護」、集落内の屋敷を囲む「屋敷抱護」、海浜の環境を守る「浜抱護」などがある。いずれも季節風や台風から家屋や耕地を守るバリアーを意味するが、気の保全を第一義に考えるところが、中国や韓国の龍脈概念とは違うところである。

　沖縄の典型的な風水集落景観の構造を明らかにするために、多良間島を事例としてフィールド調査を行った。中国南部山村の典型的な風水集落は、四方を山々に囲まれ、後方の山が「玄武」、前方の山が「朱雀」、左の山が「青龍」、右の山が「白虎」となっている。多良間島は平坦な島で、

集落の前方に丘がなく、その代りに林帯による「村抱護」が造成された。前方の「村抱護」と後方（北側）の「腰当森」（墓地・樹林帯）に囲まれて集落が形成され、理想的な風水景観構造になっていた。

　一般に沖縄の風水集落内の道路は直線ではなく蛇行し、道路の交差点は直角になっていない。各屋敷の周りにはフクギが植栽され、蛇行道路とセットになって、村に入ってくる強風のエネルギーを分散し軽減する。このようなレイアウトは、東アジアの他の地域には見られない構造であるが、これは風水の基本原則である「蔵風得水」の中の「蔵風」に特化したもので、中国の古典的な「大陸型風水モデル」とは異なる応用タイプの「島嶼型風水モデル」と呼ぶことにしている。

第2節　集落背後の丘と「村抱護」の林帯

　「抱護」の構成樹種には、地域により違いがある。「村抱護」の樹種には主にリュウキュウマツやフクギが用いられる。「浜抱護」にはリュウキュウマツ・アダン・オオハマボウ・クロヨナなどが優占種として見られる。いずれも常緑樹が利用されている。

　多良間島には琉球王朝時代に造成された「村抱護」が唯一残されている。集落後方の腰当森（クサティムイ）と村の前方の「村抱護」の植生は、上層と下層に分かれる二層構造になっている。「村抱護」の上層には人工植栽のフクギ・テリハボクが優占する。上層全体で約22種の植物が確認できた。腰当森にはリュウキュウガキ・テリハボク・モクタチバナ・イヌマキなどが優占する。下層全体で46種の植物が確認できた。いずれも人工植栽木と自然林が混交していた。当初は人工植栽の植物が優占していたが、時間の経過とともに、自然更新した植物が増加し、現在では腰当森・「村抱護」の植生は、自然更新を繰り返しながら多様な植物相を形成していることが分かった。

このような植生景観は、現在、生態学で評価されるビオトープ空間や緑の回廊の役割を担いながら、農業生態系や島嶼の自然環境を保全する複合的な機能を果たしている、とみている。

第3節　フクギが選択された理由

　風水樹として利用される樹種には、様々な種類がある。一般的に中国南東部の集落ではクスノキ、ガジュマル、タケが多く利用される。このような樹種は早く成長し、樹冠も大きくなる。韓国における一般的な風水樹種はアカマツが中心である。

　中国・韓国とは対照的に、沖縄では風に強い樹種のフクギ、テリハボク、リュウキュウマツ、アダン、オオハマボウなどが利用される。中でも特に、フクギは「村抱護」や屋敷林としてよく使われている。

　フクギが普及したのは、その生物学的特徴と有用性に大きな理由がある。フクギは常緑樹で幹が直立し、革質の濃い緑の葉が緊密に生えて、樹冠もあまり広がらず、特に耐風性に優れている。そのため季節風の影響を受けやすい沖縄のような島嶼地域で、防風林や防潮林として重宝がられてきた。

　フクギは熱帯アジアに約250種が分布していると言われている。フクギの原産地はフィリピンのバタン島と言われているが、現在、この島には人為的に絶滅されたのか、フクギは見ることができない。台湾、沖縄の与那国、西表、石垣島には、一部の地域で自生種と見られるものが確認できる。植物学者のWalkerは、フクギは約600年前に東南アジアから琉球に導入されている可能性があると述べているが、その根拠は不明である。Walker(1954)の『琉球重要樹木誌』には、フクギの自然的特徴が、詳細に記載されている。

　フクギは、他にも建築材、緑肥、染料（樹皮・葉）、防火樹などとして

使われてきた。材は海水に半年から1年ほどつけて防虫処理し、家屋の柱材に使った。このフクギの柱材で作られた家屋は、今でも渡名喜島や与那国島などで見ることができる。多良間島では伝統無形文化財に指定されている「八月踊り」の衣装の染に、かつてフクギの染料が使われていた。茅葺家屋の多かった時代には、類焼を防ぐ防火樹としての役割が大きかった。葉っぱは緑肥や燃料となるばかりではなく、トイレットペーパーにもなった。実も食べられる。現在では、結実期の9～10月ごろになると、この実を求めてコウモリが群がってくる。過去に津波被害にあった地域では、この木によじ登って命拾いした人もいて、防災林としての機能も高い。またこの木は、土壌を選ばず、どんな環境でも育つ特徴がある。このようなフクギの多様な利用価値が、琉球列島全域に普及していった大きな要因と考えられる。

第4節　フクギ屋敷林の配置構造

「屋敷抱護」の林帯の実際のレイアウトとその構造を明らかにするために、フクギが最もよく保全されている渡名喜、備瀬、粟国の3ヵ所で事例研究を行った。

林帯の中での全ての木の位置を記録し、HO-CADソフトウェアを用いてフクギ屋敷林の位置図を作成した。DBHの値に基づいた円のサイズで、木の大きさと配置を描いた。調査結果によると、各住居がフクギの林帯に囲まれ、南面する集落構造であることが分かった。集落の北側と東側境界線のフクギ屋敷林は複層で厚みがあるが、集落の内側のフクギ屋敷林は単層で整然としていた。これは北からの強い季節風や東南からの台風による被害を防ぐためである。一般的に、碁盤型の道路で区切られた1軒から4軒の隣接する屋敷が、ひとつの居住ユニットを形成していた。したがって、道路側の南面を除き、通常は1面から3面のフクギ林帯が隣

接する屋敷と共有されている。このようなフクギ屋敷林と碁盤型の道路網が一体化している形態が、琉球風水集落の特徴である。

第5節　地割制集落とフクギ屋敷林の創設

　仲松は1737年以降、整然とレイアウトされた集落を、琉球王府の土地制度改革の所産と考え、これらの集落を「地割制集落」と称した。沖縄における地割土地制度とは、一種の班田制である。王府から平民百姓に配分された農地は、定期的にその割替えが行われていた。そのねらいは農業生産を効率化・安定化することにあった。(仲松、1977) 地割替は大体最短2年から最長30年ごとに行われていた。1737年以降出現する碁盤型集落の残存フクギ巨木調査データから樹齢を推定した結果、その創設年代がほぼ重なっている事実が明らかとなった。

　『公孫姓家譜』によると、久米島の宇根集落には、1751年に屋敷の周辺の他の樹種を伐採してフクギに植え替えたという記録がある。現地での調査によれば、宇根集落内の屋敷の北側に最大のフクギがあり、樹齢244年と推定された。測定したフクギ巨木の樹齢は、『公孫姓家譜』の記録と一致している。

　1737年から1750年の間に、蔡温主導の下、集落移動や土地の制度改革等が実行されているが、その政策理念は風水地理であった。そのころに全琉球で屋敷林や街路樹などの植栽が大々に実施されている。

　琉球の風水景観は、中国や韓国の風水と異なり、生活環境の保全や農業生産の向上を目指したもので、それに植林の要素が強く働いていることが特色としてあげられる。

第6節　琉球列島に残存するフクギ巨木の分布

　沖縄群島では、フクギ屋敷林が広域に分布していることが分かった。全部で183の集落に樹齢100年以上のフクギ巨木が存在した。250年以上のフクギ巨木は、沖縄本島の北部、中部、南部地域、さらに各離島にも分布していた。300年以上のフクギ巨木が見つかった15集落は、琉球列島のほぼ全域に分布している。フクギ巨木の推定樹齢により、フクギが17世紀後半から沖縄群島の全域に存在していたことが分かった。

　沖縄本島国頭郡や島尻郡の離島の集落におけるフクギ屋敷林は、被覆率が沖縄本島の中南部より高く、保全状態が良好であった。対照的に、沖縄本島の中部、南部地域は、戦争とその後の開発や都市化で、フクギ屋敷林の残存率は低かった。

　奄美群島の沖永良部島とその以南の島々では、フクギ屋敷林の景観がよく見られるが、以北の島々ではフクギ屋敷林はまばらである。最大のフクギは奄美大島や喜界島で見つかったが、これらのフクギ巨木は単木であった。沖永良部の北のフクギが残存する屋敷は、琉球王国とのつながりがあって、人為的に分布域が拡大したものと考えられる。現在、フクギの屋敷林がまとまって見られるのは、沖永良部島が北限である。

　沖永良部島以北の島々では、主にガジュマルなどの在来種が屋敷林として植えられている。他にも、トベラやゲッキツなどが庭園樹として利用されている。

第7節　残された課題

　本節では、沖縄県における伝統的集落景観についての問題及び今後の研究課題について述べる。
　戦後、沖縄ではモータリゼーションの普及と家屋建築様式の近代化に

伴い、これまでフクギ林が果たしてきた諸機能への意識は薄れ、屋敷林は次々と伐採されていった。今やフクギの屋敷林に囲まれた歴史集落景観は、一部の集落を除いて消滅の危機にあると言っていい。

　屋敷林は人工的に植えられたものであるため、その機能を維持するためには適切な管理が必要である。人口の急激な減少に伴い、農村地域、とくに離島では多くの住居が空き家となって放棄され、屋敷林の手入れもされなくなっている。定期的な枝打ちや、新しく生えてきた苗を除去する作業をやめると、屋敷林が密閉状態になって、風通しが悪くなり、虫や蚊の棲家になる。放棄され密閉したフクギ屋敷林は、台風時に巻き風の原因となって、かえって人家に被害をもたらす。フクギ屋敷林は剪定や掃除などの適切な管理がなければ、景観としての価値も低下し、さらには、地元住民がハブの被害や自然災害に遭う危険性が増大するのである。現在では、居住者の高齢化に伴い、フクギ屋敷林の適切な管理がより困難な状況になってきている。

　近年、フクギの病虫害の事例が報告されている。病害としては南根腐病、赤衣病、虫害としてはフクギノコキクイムシなどがある。一部の地域からはファイトプラズマ病も検出されている。これらフクギの病虫害については、研究の初期段階で、よくわからないことが多い。

　防風・防潮機能に対するフクギの効用は多様であるが、結実期に落下した実にハエなどがたかって、一般には、地域住民の好感度は低い。しかし、このフクギの実や樹皮や材には、キサントン類やクロログルシン系化合物などが含まれていて、これらの化合物の中には抗炎症、耐朽性、抗腫瘍性などに有効性をもつものがあるという。（屋我、2006）今後、研究が進展すれば、優れた漢方薬として宝になる可能性を秘めているのである。

　沖縄の島々にある伝統的集落景観をいかに再評価し、それをどう活用するかは、緊急の課題である。鬱蒼とした古木が広く分布する伝統的集

落の景観は、集落の伝統文化遺産として保全されるべき価値を有している。このことがまた観光産業の発展にもつながっていくのである。

　数あるフクギ林の効用の中でも、防災林として優れた機能を有している面は特筆に値する。季節風や台風、今後、起こるであろう大津波への減災効果を考えたときに、先人たちが長い年月をかけて築いてきた沖縄独特の「諸抱護」を、さらに発展させていく責務がわれわれにはある。

　最後に、フクギの樹齢をより正確に推定できる手法が、まだ確立されていない。本書で使用しているフクギ樹齢の平田式による推定は、老齢の数本の標本木によって導き出されたものである。若齢木の樹齢推定に適応すると、かなりの誤差が生じることがわかってきた。樹木の生長にとって、地理的分布、気象、土壌などの環境要因は無視できない。今後、より正確な樹齢推定方法を確立するためには、数多くの円盤の収集と合わせて、各地におけるフクギの歴史情報を収集し、それらを総合化した推定手法を確立すること、さらに新たな技術を応用した推定手法の確立などが求められる。

参考文献一覧

Advanced Research Institute for Science and Engineering of Waseda University (ARISE), 2006. A report on the survey results of Fukugi village of Bise in Motobu Town, Okinawa.

Ahern, Emily M. (1973)The Cult of the Dead in a Chinese Village. Stanford University Press, Stanford, California.

Anderson E. N. (1996) Ecologies of the Heart: Emotion, Belief, and the Environment. Oxford University Press, New York.

Anderson, E. N. and Anderson, M. L. (1973) Mountains and Water. Orient Cultural Service, Taipei.

Anto T, Ono K, Ling M (2010) A study of physical characteristics of premises forest on Okinawa Island and its neighboring islands. J Archit Plan AIJ 75(657):2589–2597.

Antrop M (2007) Reflecting upon 25 years of landscape ecology. Landsc Ecol 22(10):1441–1443.

Bruun, Ole (2003) Feng Shui in China, Geomantic Divination between State Orthodoxy and Popular Religion. University of Hawaii Press, Honolulu.

Chandrakanth, M.G., M.G. Bhat, and M.S. Accavva (2004) Socio-economic changes and sacred groves in South India: Protecting a community-based resource management institution. Natural Resources Forum 28, 102-111.

Chen B, Nakama Y (2011) On the establishment of Feng Shui villages from the perspective of old Fukugi trees in Okinawa Japan. Arboric Urban For 37(1):19–26.

Chen B, Nakama Y, Kurima G (2008a) A study on the Ryukyu Islands Feng Shui village landscape. Worldviews Global Relig Culture Ecol 12(1):25–50.

Chen B, Nakama Y, Kurima G (2008b) Layout and composition of house-embracing trees in an island Feng Shui village in Okinawa. Jpn Urb For Urb Green 1(7):53–61.

Chen X, Wu J (2009) Sustainable landscape architecture: implications of the Chinese philosophy 'unity of man with nature'. Landsc Ecol 24:1015–1026.

Chen, B (2008) A comparative study on Feng Shui village landscape and Feng Shui trees in East Asia: A case study of Ryukyu and Sakishima Islands. Science Bulletin Faculty of Agriculture University of the Ryukyus 55, 25-80.

Chen, B. and Nakama Y. (2011) A Feng Shui landscape and Feng Shui woods in an island village—a case study of Okinawa Prefecture, Japan-. Worldviews: Global Religion, Culture, and Ecology, Vol. 15, No.2.

Chen, B. and Y. Nakama (2010) A study of the Village Forest Landscape in Small Island Topography in Okinawa. Japan. Urban Forestry and Urban Greening. Issue 2 Vol. 9. 139-148.

Chen, B. and Nakama, Y. (2011) Distribution of Fukugi (Garcinia subelliptica) trees as landscaping trees in traditional villages in Ryukyu Islands in Japan. Pacific Agriculture and Natural Resources 3: 14-22.

Chen, B. et al. (2005) A study on a Feng Shui village and layout of habitat-embracing trees in Okinawa (I). Journal of the Japanese Society of Coastal Forest 5(1). 7-12.

Chen, B. et al. (2006) A Study on village landscape and the layout of habitat-embracing Fukugi trees in Okinawa (II): A case study of Bise Village in Motobu Town, Okinawa. Journal of the Japanese Society of Coastal Forest 6(1). 13-19.

Chen, B., Coggins, C., Minor, J., and Zhang, Y. (2018) Fengshui forests and village landscapes in China: geographic extent, socioecological significance, and conservation prospects. Urban Forestry & Urban Greening 31 (1): 79-92.

Choi C (1991) Fengshui: philosophy of Korea. Mineumsa, Seoul (in Korean).

Coggins, C. (2003) The Tiger and the Pangolin-Nature, Culture, and Conservation in China, University of Hawaii Press, Honolulu.

Coggins C., Chevrier J, Dwyer M, Longway L, Xu M, Tiso P, Li Z (2012) Village Fengshui Forests of Southern China: culture, history, and conservation status. ASIA Netw Exch 19(2):52–67.

Coggins C.and Minor, J. (2018) Fegnshui forests as a socio-natural reservoir in the face of climate change and environmental transformation. Asia Pacific Perspectives 15 (2): 4-29.

Corner, J. (1992) Most important questions. Landscape Journal. Vol. 11(2):163-164.

De Groot, J. J. M. (1962) The Religious System of China (Leyden, 1892-1910). Vol. 3, Literature House, Taipei: 934-1056. (First published by E.D. Brill, Leyden in 1892).

Dukes, E. J. (1914) Feng Shui. In: Hasting (ed.), Encyclopedia of religion and ethics, New York, Vol. 5, p833-835.

Eitel, Ernest. J. (1993) Feng Shui, or, The Rudiments of Natural Science in China (1873). Synergetic Press, Bonsall, ca.

Feuchtwang, Stephan D. R. (1974) An Anthropological Analysis of Chinese Geomancy. Southern Materials Center, INC., Taiwan, pp 261.

Freedman, Maurice (1966) Chinese Lineage and Society: Fukien and Kwangtung, the Athlone Press University of London, pp206.

Glacken, Clarence J. (1960) The Great Loochoo: a study of Okinawan village life. Rutland. Vt., Tokyo.

Graham, D. C. (1961) Folk Religion in Southwest China. The Smithsonian Institution. Washington D.C.

Hong S, Song I, Wu J (2007) Fengshui theory in urban landscape planning. Urb Ecosyst 10(3):221–237

Huang, T.-C. (ed) (1996) Flora of Taiwan. Volume Two. 2nd ed. Editorial Committee of the Flora of Taiwan. Department of Botany. National Taiwan University. Taipei. Taiwan.

Ichikawa, K., Okubob, N., Okuboa, S., and Takeuchi, K. (2006) Transition of the satoyama landscape in the urban fringe of the Tokyo metropolitan area from 1880 to 2001. Landscape and Urban Planning,78. pp.398–410.

Jia, B. S. (1998) Living Legacy: Hong Kong's Housing Heritage Gives Advice to Eco-Housing Development for the Future, http://arch.hku.hk/~jia/jia/ phk.html.

Joseph, K.L., Yip, Y.N., Ngar, Jackie Y., Yip, Eric K. Y., Liu and Patrick C.C. Lai, (Plant Working Group, Agriculture, Fisheries and Conservation Department) (2004) Venturing Fung Shui Woods, Cosmos Books Ltd., Hong Kong.

Koh I, Kim S, Lee D (2010) Effects of bibosoop plantation on wind speed, humidity, and evaporation in a traditional agricultural landscape of Korea: field measurements and modeling. Agric Ecosyst Environ 135:294–303.

Konijnendijk, C. C. (1999) Urban forestry in Europe: A Comparative Study of Concepts. Policies and Planning for Forest Conservation, Management and Development in and around Major European Cities. Doctoral dissertation. Research Notes No. 90. Faculty of Forestry, University of Joensuu.

Lee D (2003) Ecological Knowledge Embedded in Traditional Korean Landscapes. Seoul National University Press, Seoul (in Korean, with English abstract).

Lee, D, Koh, I, Park, C-R (2007) Ecosystem Services of Traditional Village Groves in Korea. Seoul National University Press, Seoul (in Korean, with English abstract).

Leonard P. J. (1994) The Political Landscape of a Sichuan Village, Unpublished Ph. D. dissertation, University of Cambridge.

Lovelace, George W. (1985) Man, Land, and Mind in Early Historic Hong Kong. In: Becker, Alton., Hutterer, Karl L., Musgrave, John K., Hook, Peter E. (Eds) Cultural Values and Human Ecology in Southeast Asia. Center for South and Southeast Asian Studies, University of Michigan, U.S.A.

March, A. L. (1968) Journal of Asian Studies, Vol. XXVI (2): 253-267.

McHarg, I. L. (1969) Design with Nature, Natural History Press, New York.

Mgumia, F.H., and G. Oba (2003) Potential role of sacred groves in biodiversity conservation in Tanzania. Environmental Conservation 30, 259-265.

Michell, J. (1973) Foreword to the second edition of Feng Shui. In: Eitel, ElJ. Feng Shui. Kingston Press.

Nakama, Y. and Koki, Z. (2002) The significance of housing shelter forest and regional inhabitants' consciousness in island regions, Journal of the Japanese Society of Coastal Forest, Vol. 2 No.1 pp5-11.

Nakama, Y., and Z. Koki. (2002) The significance of housing shelter forest and regional inhabitants' consciousness in island regions. Journal of the Japanese Society of Coastal Forest 2 (1):5-11. (in Japanese).

Needham, J. (1956) Science and Civilization in China, Vol. 2, History of Scientific Thought. Cambridge University Press, pp 359-363.

Ponting, Clive (1991) A green history of the world-the environment and the collapse of great civilization, the Penguin Group, U.S.A.

Public Relations Division, Executive Office of the Governor, Okinawa Prefectural Government(2008).

http://www3.pref.okinawa.jp/site/contents/attach/4343/H21tyoazabetu.xls.

Ramanujam, M.P., and K.P.K. Cyril (2003) Woody species diversity of four sacred groves in the Pondicherry region of South India. Biodiversity and Conservation 12, 289-299.

Skinner, S. (1982) The living Earth Manual of Feng Shui. Routledge and Kegan Paul, London.

Statistical data of Aguni Village, retrieved from.

http://www.vill.aguni.okinawa.jp/html/village/data.html(November 17th,2009).

USCAR (1952) Eight Volumes on Ryukyu Forest Administration by Saion. Forestry Bureau Department of Natural Resources Government of the Ryukyu Island.

Upadhaya, K., H.N. Pandey, P.S. Law, and R.S. Tripathi (2003) Tree diversity in sacred groves of the Jaintia hills in Meghalaya, northeast India. Biodiversity and Conservation 12, 583-597.

Webb, R. (1995) The Village Landscape. In: Hase. P.H. Sinn. E. (Eds.). Beyond the Metropolis: Villages in Hong Kong. Joint Publishing, Hong Kong. pp. 37-47.

Wei, Fan 1992. Village Feng Shui Principles in Knapp, R. G. (Ed.) Chinese Landscapes—The village as place. University of Hawaii Press, Honolulu. P35-46.

Whang B, Lee M (2006) Landscape ecology planning principles in Korean Feng-Shui, Bi-bo woodlands and ponds. Landsc Ecol Eng 2(2):147–162.

Whang K (1991) Future image of Seoul and its open space system. Environ Landsc 40:59–61 (in Korean).

Whang, B.-C., Lee, M.-W. (2006) Landscape ecology planning principles in Korea Feng Shui, Bi-bo woodlands and ponds. Landscape Ecology Engineering, Vol. 2 No.2, 147-162.

Xu, Ping (1990) Feng Shui: A Model for Landscape Analysis. Unpublished Ph.D. dissertation, Harvard University, Massachusetts.

Yong, Hong-Key (1985) An Early Chinese Idea of a Dynamic Environmental Cycle, Geojournal, Vol. 10 No. 2, P211-212.

Yoon, Hong-Key (1976) Geomantic Relations between Culture and Nature in Korea. The Orient Cultural Service, Taipei.

Yoon, Hong-Key (1980) The Image of Nature in Geomancy, Geojournal Vol. 4 No.4, P341-348.

Yoon, Hong-Key (1982) Environmental determinism and geomancy: Two cultures, two concepts, Geojournal. Vol. 6 No. 1, p77-80.

Yoon, Hong-Key (2003) A Preliminary Attempt to Give a Birdseye View on the Nature of Traditional East (Asian) and Western (European) Environmental Ideas. In: Ehlers, E. And Gethmann, Carl F. (Eds) Environment Across Cultures. Springer.

Yoon, Hong-key (2006) The Culture of Feng Shui in Korea- An Exploration of East Asian Geomancy. Lexington Books, U.S.A.

Yu, Kongjian (1994) Landscape into Places: Feng Shui model of Place Making and Some Cross-cultural Comparisons. In: Clark, J. E. (Ed), Proceedings of 94'c CELA Conference, History and Culture, Mississippi State University, pp320-340, U.S.A.

Yu, Kongjian (1994) Landscape into Places: Feng Shui model of Place Making and Some Cross-cultural Comparisons. In: Clark. J. E. (Ed). Proceedings of 94'c CELA Conference. History and Culture. Mississippi State University. pp.320-340.

Zhuang X.Y. and R. T. Corlett (1997) Forest and Forest Succession in Hong Kong, China. Journal of Tropical Ecology 13, 857-866.

John M. Purves・陳碧霞・仲間勇栄（2009）「蔡温の"山林真秘"の解説と和文・英文への翻訳」『琉球大学農学部学術報告』（56）11-21頁。

安藤徹哉・小野啓子（2008）「沖縄島本部町備瀬集落における福木屋敷林の実態」『日本建築学会計画系論文集』73(630)、1729-1733頁。

奥田重俊・中村幸人（1988）「奄美諸島における生垣の植生学的考察」『横浜国立大学環境科学研究センター紀要』15(1) 167-174 頁。

坂本磐雄（1989）「沖縄の集落景観」九州大学出版会。

陳進国（2002）（華）『事生事死：風水と福建社会文化変遷』厦門大学博士論文、270 頁。

沖縄県（2013）「自然環境の保全に関する指針　宮古・久米島編」『自然環境の保全に関する指針』沖縄県ホームページ
http://www.pref.okinawa.jp/okinawa_kankyo/shizen_hogo/hozen_chiiki/shishin/miyako_kume_hozen_shishin/index.html　（参照：2013年3月25日）。

沖縄県緑化推進委員会（1999）『おきなわ　ふるさとの名木』。

沖縄県庁市町村課「住民基本台帳人口・世帯数及び人口動態（平成 21 年度）」沖縄県庁ホームページより、2010 年 9 月にアクセス。

初島佳彦（1975）『琉球植物誌』沖縄生物教育研究会。

椿勝義・坂本磐雄・北野隆（2003）「『北木山風水記』及び集落古図の分析（沖縄八重山地方集落の道路配置及び形状に及ぼした風水思想の影響　その1）『日本建築学会研究報告　九州支部』第42号 453-456頁。

島尻勝太郎（1990）「沖縄の風水思想」窪徳忠[編]『沖縄の風水』平河出版社、3-14 頁。

稲嶺誌編集委員会（1988）『稲嶺誌』名護市字稲嶺区。

町田宗博・都築晶子（1993）「風水の村」序論--『北木山風水記』について」『琉球大学法文学部紀要　史学・地理学篇』36, 99～213頁。

都築晶子（1990）「近世沖縄における風水の受容とその展開」窪徳忠[編]『沖縄の風水』平河出版社。

都築晶子（1997）「蔡温の造林法について：風水と技術」『東洋史苑 48/49』、31-54 頁。

都築晶子（1999）「蔡温の風水思想—"首里地理記"の景観論とその展開」龍谷史壇（111）25-56 頁。

渡邊欣雄（1994）『風水　気の景観地理学』人文書院。

渡名喜村（1983）『渡名喜村史』第 1 巻(1)、渡名喜村役場。

多良間村（1973）『村誌たらま島：孤島の民俗と歴史』多良間村誌編纂委員会［編］。

多良間村教育委員会（1993）『多良間島の文化財』。

高友謙（1994）（華）『中国風水』中国華僑出版社、271 頁。

関傳友（2002）（華）中国古代風水林探析、農業考古、第 3 期、239－243 頁.

関伝友(2002)(華)「中国古代風水林探析」、『農業考古』2(1)：105-110頁。

何暁昕（1990）（華）『風水探源』南京、東南大学出版社、158 頁。

何暁昕、羅雋（1995）（華）『風水史』上海、上海文芸出版社、257 頁。

環境庁（1991）『第 4 回 自然環境保全基礎調査—日本の巨樹・巨木林（九州・沖縄版）』大蔵省印刷局。

黄有志 （1999）（華）「傳統風水觀念と現代環境保護に関する研究」
http://www.ios.sinica.edu.tw/ios/seminar/sp/socialq/huang_you_zhi.htm。

今帰仁村歴史文化センター（2007）『なきじん研究』第 15 号。

劉沛林(1995)（華）『風水・中国人の環境観』 上海三聯書店、443頁。

梅木哲人（1989）「近世農村の成立」『新琉球史—近世編（上）—』琉球新報社、181-204 頁。

平田永二（2006）「老齢フクギの樹齢の推定について」『沖縄のフクギ（福木）を考える』 沖縄県緑化推進委員会．沖縄. 41-46 頁。

朴贊弼、山田水城、古川修文（1999）「伊是名島・渡名喜島の集落における地形及び軸の空間構成と風について--風水思想から見た沖縄集落の空間構成に関する研究 その 1」『民俗建築』 （115）、89-96 頁。

崎浜秀明編（1984）『蔡温全集』本邦書籍、238-247 頁。

澁谷鎮明（2003）「韓国農村における林藪と裨補—風水による解釈と樹林地の管理—」石原潤［編］『農村空間の研究(下)』大明堂、413-428 頁。

寺内保博・亀山章（1999）「蔡温の林業思想における風水思想の影響」『森林環境資源科学』37(1)、1-22 頁。

粟国村誌編纂委員（1984）『粟国村誌』。

孫家鼎など（1905）（華）『欽定書経図説』Vol.32/2、北京。n.p.

天野鉄夫（1979）『琉球列島植物方言集』新星図書出版。

田里友哲（1983）『論集 沖縄の集落研究』離宇宙社。

窪徳忠編（1990）『沖縄の風水』平河出版社。

王其亨（編著）（1992）（華）『風水理論研究』、天津大学出版社。

王玉徳(1994)『中国民間相宅-陽宅風水図説』北京、中国オペラ出版社。191頁。

屋我嗣良（2006）　「フクギの有効利用の可能性を探る」　『沖縄のフクギ（福木）林を考える』　沖縄県緑化推進委員会、沖縄、15-33頁。

武者英二・永瀬克己・岩田康考（1988）「5001 聚住体研究：沖縄・渡名喜島調査：（その13）道-現況からの読み取り　その5 道の交差特性」『学術講演梗概集.E, 建築計画, 農村計画』。

小野まさ子（2006）「羽地真喜屋稲嶺風水日記」名護市史編さん委員会［編］『名護市史資料編 5 文献資料集 4』。

新城敏男（1993）「八重山の集落風水」『史料編集室紀要第 18 号』沖縄県立図書館史料編集室, 1-20頁。

楊文衡、張平（1993）（華）『中国の風水』北京、国際文化出版社、134頁。

俞孔堅(1998)（華）『理想景観探源：風水的文化意義』、北京、商務印書館、146頁。

玉木順彦（1990）「沖縄本島北部の風水史料—真喜屋村・稲嶺村の事例」窪徳忠［編］『沖縄の風水』平河出版社, 233－304頁。

早稲田大学古谷研究室・早稲田大学理工学総合研究センター(2002)『沖縄県本部町備瀬の福木集落研究調査報告書』沖縄県本部町委託調査研究。

仲間勇栄(1984)「蔡温と林政」『近世史の諸問題シリーズⅠ　蔡温—蔡温とその時代—』離宇宙社。

仲間勇栄（2002）「村落環境の管理システムとしての山林風水の意義『人間・植物関係学会雑誌』、2(1)、39-46頁。

仲間勇栄（2003）「宮古島の森の現在と過去」宮古の自然と文化を考える会［編］『宮古の自然と文化　永続的に繁栄する美しい島々』新星出版社、52-66頁。

仲間勇栄（2006）「沖縄のフクギ林と集落景観」『沖縄のフクギ（福木）を考える』沖縄県緑化推進委員会、那覇、1-11頁。

仲間勇栄（2012）『島社会の森林と文化』琉球書房。

仲間勇栄（2017）『蔡温と林政八書の世界』榕樹書林。

仲間勇栄・Purves J.M.・陳碧霞（2010）「樹木の植えつけ方法—樹木播植方法に関する改訂和訳版および英訳版」『琉球大学農学部学術報告』(57)、1-11 頁。

仲松弥秀(1963)　「沖縄の集落(平民百姓村の景観的研究)」『琉大文理学部紀要』第 7 号、123-127 頁。

仲松弥秀（1977）『古層の村　沖縄民俗文化論』沖縄タイムス社。

仲田栄松（1984）　『備瀬史』本部町備瀬区事務所。

重松敏則（1979）「沖縄の西表島における屋敷林の構造と景観特性に関する研究」『大阪府立大学紀要』31(1)。

あとがき

　私は中国福建省中央部の平野に位置する小さな村で生まれ育った。琉球大学交換留学生として福建師範大学から沖縄に来たのが、2000年の秋である。沖縄に来て強烈な印象を受けたのは、海の青さと自然環境の美しさであった。とりわけフクギに囲まれた集落景観は、私が子供時代に慣れ親しんだ光景とは全く違うもので、ひと目でこのランドスケープに魅了された。縁があって農学部の仲間勇栄先生の研究室に在籍することになり、先生の勧めもあって、フクギ屋敷林の研究を行うことになった。2002年の秋に琉球大学農学部の研究生として入学し、仲間研究室で風水に関する先行研究の国内外の学術論文を読み整理することから、私の研究はスタートした。その後、農学部の修士課程、大学院博士課程に進学し、沖縄の村落景観とフクギ屋敷林の研究に本格的に着手していった。仲間先生から、この研究は地味ではあるが、まだ学問的に体系づけた人はいない、研究のオリジナリティを追求するには、価値のある研究だと言われ、迷わずこのテーマに絞って研究を進めていくことにした。この研究テーマとの出会いは、その後の私の研究者としての運命を決定づける大変幸運な出来事であった。

　沖縄の村落景観の研究にとって、文献学的フォローも大事だが、現在残されているフクギ屋敷林の構造を解明することも、最も重要な課題の1つである。これらの課題にアプローチするため、近世期に確立した県内のフクギ屋敷林の調査に取り組み始めた。幸い研究室には学部生、院生が多く在籍していたため、彼らの協力を得て、フクギ屋敷林の毎木調

査を実施することができた。フクギ屋敷林の調査は忍耐のいる仕事である。調査屋敷の測量、1本1本に番号を付し樹高と胸高直径を測る。さらに萌芽苗・幼苗の全てをカウントし記録する。これらの作業は、特に夏場には蚊の襲来との闘いでもある。こうして集めたデータを研究室で整理し、論文にまとめて国内外の学会で発表し、学術雑誌に投稿する。このような研究生活を10年以上続けてきた。本書はこうして書きためてきた論文をベースに、沖縄の村落とフクギ屋敷林について、体系的に理解できるよう取りまとめたものである。

　本研究を遂行するにあたり、沖縄諸島、宮古・八重山諸島、奄美諸島などのフクギ屋敷林を限無く歩いて調査した。フィールド調査には労力と金がかかる。調査では、以下の研究費を活用させていただいた。日本学術振興会の科学研究費（代表・浦山隆一・課題番号25289212、代表・鎌田誠史・課題番号25420663）、特別研究員奨励費（課題番号：08F08308、2008年度〜2010年度）沖縄美ら島財団助成。（2010年）本書の刊行にあたっては、琉球大学「平成30年度戦略的研究推進経費事業」の研究成果公開促進経費（学術図書等刊行）の助成を受けた。これらの助成に関し特記して厚く御礼を申し上げる次第である。

　中国福建師範大学では、私は主に経済学を含む社会科学一般を学んできた。農学部で研究するようになって、歴史学・景観生態学・森林植生学などの手法を学び、それを村落とフクギ屋敷林の研究に生かしてきた。中国の風水研究に関しては、そのほとんどが古文献に基づいており、し

ばしば結論と現実の乖離が大きかった。フィールド調査から積み上げる研究手法がいかに大事かを、沖縄での調査研究で学んだ。本書はこれまでの研究成果をまとめたものであるが、本書全体の推敲で仲間先生に多大な労力をおかけした。中には取りこぼしや間違いがあるかもしれない。もし本書に欠陥があるとすれば、それは全て私の責任である。

　末筆になりましたが、琉球大学農学部仲間研究室時代の学生・院生の皆様方、フィールド調査でお世話になった方々、また私の研究生活をこれまで支えてくれた家族に、この場を借りて感謝の意を表したい。

　そして何よりも仲間勇栄先生には多大な学恩を受けた。改めて感謝の意を表したい。

2018年12月吉日
陳碧霞

索　引

【ア行】

アカマツ　60,213
粟国島　18,19,20,100,101,102,
　　　103,112,171,173,175,178,
　　　181,182,183,184,187
アシャギ　113,186,194,195
アダン　62,78,79,90,95,213
奄美　21,185,186,206,207,
　　　208,216
井戸　117,121
稲嶺　42,63,81,82,86,89,
　　　90,91,92,93,95,100,171
陰陽思想　30,104
御嶽　18,66,85,99,119,131,
　　　175,186,194,195,201
御嶽林　131
運城御嶽　66,125
易経　45
オオハマボウ　62,78,79,213
沖永良部島　208,209,216
沖縄　37,39,61,62,79,
　　　85,96,97,99,116,131,133,
　　　137,197,199,211,213,217
沖縄風水　37,44,61,77

【カ行】

ガジュマル　49,56,59,208,213
神アサギ　105
韓国　20,30,44,52,60,78,
　　　79,115,129,132,211,213
環境決定論　30
気　30,31,32,41,42,52,57,211
魚鱗形　43
近世地割制村落　18
腰当森(クサティムイ)
　　　66,72,73,75,79,94,119,212
クスノキ　49,56,59,213
景観林　49
玄武　49,69,78,95,211
碁盤型集落　197,199,
後龍山　51,57
ゴバン型近世村落　84

【サ行】

煞気　56
山林の管理方法　42
『山林真秘』　41,42,99
塩川御嶽　66,121,124,131
祠堂　51
支那スギ　56

朱雀	47,49,69,77,78,95,211	朝鮮王朝	60
諸抱護	130,218	『朝鮮の風水』	60
森林管理	13,41	テリハボク	75,76,79,116,117, 128,213
砂	47,211	点穴	45
砂(察砂)	45	渡名喜島	18,19,20,21,100, 101,103,104,105,106,112, 130,133,134,137,141,142, 171,175,181,182,182
砂山	32		
水脈(観水)	45,47		
潮垣	7,88,95		
生気	41,47,59,88,90		
聖域	194	島嶼型風水モデル	212
聖地	95,119,121,126		
青龍	32,47,49,69,78,95,211	**【ナ行】**	
祖先崇拝	25,28	今帰仁村今泊	101,103,112
祖祠	51		
蔵風得水	32,45,212	**【ハ行】**	
		拝所	186
【タ行】		浜抱護	61,63,78,88, 95,211,212
タケ	59,212		
多良間島	18,19,20,63,64, 66,115,118,119,121,125, 128,130,131	浜抱護フクギ	63,78,108,109
		備瀬	18,19,81,98,100,102, 112,155,157,160,161,171, 175,182,183,185,187,197
大陸型風水モデル	212		
地割制	18,39	裨補	59,115,211
地割制集落	215	白虎	47,49,69,78,95,211
中国	23,28,30,31,33,37, 44,52,78,80,88,115,132, 133,211,213	風水	7,8,10,11,12,13,15,17, 18, 20,21,23,24,25,26,27, 28,29,30, 31,32,33,34,35,

　　　　　　37,38,39,40,41,42,44,45,
　　　　　　48,52,53,59,60,63,90,77,
　　　　　　79,85,97,121,130,132,141,
　　　　　　211
風水の理想的な景観　　　　48
風水鑑定　　　　　　　63,81
風水景観　　　　　20,53,132
風水景観構造　　　　　　212
風水検分　　　　　　　　44
風水見　　　　　　　　38,87
風水師　　28,38,39,46,63,97,130
風水樹　　　20,21,49,52,53,56,57,
　　　　　　59,60,61,79,87,213
風水集落景観　　61,66,78,96,211
風水所　　　　63,87,88,93,94,95
風水地理　　　18,20,38,63,169,211
風水林　　　　49,51,53,55,57,59
抱護　　　　7,8,15,20,37,40,41,
　　　　　　42,44,52,61,62,63,77,78,
　　　　　　88,90,91,95,97,99,130,
　　　　　　211,212
防災林　　　　　　　132,218
防潮・防風林　　　　133,156
防風・防潮機能　　　　　217
『北木山風水記』　　39,40,97,130
フクギ　　　20,61,63,70,71,73,74,
　　　　　　76,78,79,81,83,89,92,95,

　　　　　　97,100,101,102,103,112,
　　　　　　113,115,116,117,121,125,
　　　　　　133,138,139,142,143,145,
　　　　　　156,157,160,162,163,164,
　　　　　　165,169,170,172,176,184,
　　　　　　185,187,188,189,195,197,
　　　　　　199,200,201,203,204,206,
　　　　　　207,208,213,214,215,216,
　　　　　　217,218
フクギの病虫害　　　　　217
フクギ屋敷林　　19,81,84,95,97,
　　　　　　99,102,104,105,107,110,
　　　　　　111,127,131,133,136,142,
　　　　　　146,147,148,149,152,155,
　　　　　　159,166,168,171,175,176,
　　　　　　178,181,183,199,201,202,
　　　　　　203,204,205,209,216,217
フクギ屋敷林の被覆率　　187
香港　　　　　13,20,21,23,25,44,
　　　　　　51,52,57,79,88,115
墓地風水林　　　　　　49,51

【マ行】
真喜屋　　　42,63,81,82,83,86,90
間切番所　　　　　　　　199
間切抱護　　　　　　61,63,115
水口　　　　32,49,51,53,54,56,59,

235

	60,88
水口裨補	59,60
嶺間御嶽	66,125
村抱護	39,52,61,63,64,65, 66,70,71,73,77,78,79,81, 89,90,91,95,115,116,117, 125,128,130,131,211,212
本部町備瀬	100,103
明堂	48

【ヤ行】

屋敷抱護	39,61,63,64,77,78, 100,211,214
屋敷林	49,90,133,143,160, 163,181,183
楊明州	38

【ラ行】

リュウキュウマツ	8,52,61,62, 63,78,79,213
『林政八書』	41,42,43
琉球石灰岩	119
琉球列島	130
龍脈	45,87,211
龍脈（觅龙）	45
龍脈概念	211

陳　碧霞（ちぇん びしゃ、Chen Bixia）

中国福建省莆田市生まれ
2001年6月　　中国福建師範大学経済学院修了　経済学修士取得
2005年3月　　琉球大学大学院農学研究科　農学修士取得
2008年3月　　鹿児島大学大学院連合農学研究科　博士（農学）取得
2008年11月～2010年11月　JSPS（日本学術振興会）　外国人特別研究員
2010年12月～2013年11月　国際連合大学高等研究所　研究員
2013年12月～2018年11月　琉球大学農学部の助教採用
2018年12月～　琉球大学農学部附属亜熱帯フィールド科学教育研究センター准教授

受賞歴　平成30年度日本海岸林学会賞　受賞

近世琉球の風水と集落景観	沖縄学術研究双書・13
ISBN 978-4-89805-212-9 C1325	2019年3月20日　印刷 2019年3月25日　発行

著　者　　陳　　碧霞
発行者　　武　石　和　実
発行所　　榕　樹　書　林
　　　　　〒901-2211　沖縄県宜野湾市宜野湾3-2-2
　　　　　TEL. 098-893-4076　FAX. 098-893-6708
　　　　　E-mail：gajumaru@chive.ocn.ne.jp
　　　　　郵便振替 00170-1-362904

印刷・製本　㈲でいご印刷
©Chen Bixia 2019 Printed in Ryukyu